Franckh's Ratgeber

Johannes Braune

Lampen und Leuchten – gut durchdacht, selbst gemacht

Für Sie ausprobiert:
Spanschirm · Jeansbezug · Spiegelverkleidung · Flaschenfuß
Glasfaserschirm · Kugelschirm aus Plastikbechern
Kork- und Stoffbespannung · Kiefernfuß · Leistengitter
Außerdem: Das Wichtigste über elektrische Installation!

Franckh'sche Verlagshandlung, Stuttgart

16 Farbfotos und 102 Schwarzweißfotos von Johannes Braune

Umschlaggestaltung von Alice Piringer unter Verwendung eines Dias von Johannes Braune

CIP-Kurztitelaufnahme der Deutschen Bibliothek

Braune, Johannes:
Lampen und Leuchten – gut durchdacht, selbst gemacht / Johannes Braune. – Stuttgart : Franckh, 1984.
(Franckh's Ratgeber)
ISBN 3-440-05325-3

Franckh'sche Verlagshandlung, W. Keller & Co., Stuttgart / 1984

Printed in Italy / Imprimé en Italie / L 9sl H ro /
ISBN 3-440-05325-3
Satz: G. Müller, Heilbronn
Herstellung: Grafiche Muzzio, Padua / Italien

Lampen und Leuchten – gut durchdacht, selbst gemacht

Einleitung

Hängeleuchten, Tisch- und Stehleuchten selbst zu bauen macht nicht nur viel Freude, sondern es ist auch ein lohnendes Hobby. Viele Leuchten werden zwar sehr preiswert angeboten, aber die wirklich schönen kosten sehr viel Geld. Deshalb finden Sie in diesem Buch viele Anregungen, wie man Leuchtenfüße und Lampenschirme selbst baut, um die eigene Wohnung mit dem richtigen Licht an den richtigen Stellen ganz nach eigenem Wunsch zu gestalten.

Daß es nicht immer komplette Leuchten sind, deren Bau beschrieben wird, sondern Füße und Schirme, hat seinen guten Grund. Darüber, welcher Schirm zu welchem Fuß paßt, hat wohl jeder seine eigenen Ansichten. Und deshalb sollte auch jeder die Kombination finden, die ihm gefällt – und die in seine Wohnung paßt.

Was der eine auf einer Stehleuchte besonders elegant findet, mag der andere lieber als Hängeleuchte. Bitte! Das kann jeder machen, wie er will, denn die Bauvorschläge sind nicht nur auf das jeweils vorgestellte Leuchtenmodell zugeschnitten, sondern eher als weiterführende Anleitung gedacht. Die grundsätzlichen Arbeitsgänge, die beim Bau von Leuchtenfüßen oder Lampenschirmen beherrscht werden müssen, kennt man, wenn alle Kapitel dieses Buches durchgearbeitet sind. Besonders wichtige Hinweise sind auch mehrfach aufgeführt, um für denjenigen, der nur eine bestimmte Leuchte bauen möchte, keine Lücken in der Beschreibung zu lassen. Querverweise machen es leicht, noch fehlende Kenntnisse ohne langes Suchen zu ergänzen.

Alle hier vorgestellten Leuchten und Lampenschirme sind nur jeweils eine Möglichkeit der Gestaltung, die Ideen zum Entwurf und Bau von Leuchten nach eigenem Geschmack und nach eigener Materialwahl erleichtern soll. Hinweise, wie sich mit anderen Oberflächen ganz andere Wirkungen erzielen lassen, sind deshalb in vielen Bauvorschlägen zu finden.

Bei aller Kreativität sollte man die Sicherheit nicht vergessen. Das Kapitel „Elektrische Installation" sei daher als Pflichtlektüre empfohlen.

1

Leuchtenfuß aus Leistenprofilen

Zu den hellen Naturholzflächen von Kiefernmöbeln paßt natürlich sehr gut eine Tischleuchte aus hellem Holz (Bild 1). Ein einfaches Kantholz aus Kiefer könnte zwar auch als Fuß einer solchen Tischleuchte dienen, sähe aber wohl doch etwas zu simpel aus. Dicke Rundhölzer aus Kiefer sind in den Dimensionen, die man für einen Leuchtenfuß braucht, nicht zu bekommen. Profilierte dickere Leisten ebenfalls nicht. Also bleibt als Möglichkeit nur noch, sich einen profilierten Fuß für eine kleine Tischleuchte selbst zu bauen.

Um den Aufwand an Holzbearbeitung niedrigzuhalten (denn nicht jeder besitzt eine Oberfräse, mit der man Leisten selbst profilieren könnte), wird bei diesem Bauvorschlag auf das Angebot gängiger Profilleisten aus dem Holzhandel oder Heimwerkermarkt zurückgegriffen.

Acht Leisten, vier Rechteckleisten von 1 × 3 cm und vier Viertelstäbe von mindestens 20 mm Kantenlänge, lassen sich zu einem sehr dekorativen Profil zusammensetzen (Bild 2 zeigt das an kurzen Abschnitten dieser Leisten). Andere Leistenformate oder Profile können natürlich ebenso verwendet werden, so zum Beispiel die Hohlkehl-Leisten, die man normalerweise als Abschlußleisten bei einer Deckenvertäfelung einsetzt. Unser Beispiel hier soll nur die Anregung geben, mit welch geringen Mitteln man zu attraktiven Lösungen kommen kann.

Zunächst werden die vier Rechteckleisten und die vier Viertelstäbe mit der Feinsäge oder dem Fuchsschwanz zugeschnitten. Diese Zuschnitte müssen rund 10 cm länger sein, als der Fuß der Tischleuchte hoch werden soll. Denn man baut erst das fertige Profil auf und beschneidet erst ganz zum Schluß die beiden Enden. So kann man zuverlässig erreichen, daß die Schnittstellen genau rechtwinklig abgetrennt werden und der Fuß später auch senkrecht auf der Grundplatte steht.

Weißleim und zwei Schraub- oder Klemmzwingen werden benötigt, um die Leisten zu verleimen. Am besten wählt man für diese Arbeit den schnell härtenden Expreßleim, denn der benötigt nur etwa 20 Minuten Preßzeit. Diese kurze Wartefrist ist von Vorteil, denn man leimt das komplette Profil nicht in einem Arbeitsgang, sondern in mehreren Etappen zusammen.

2

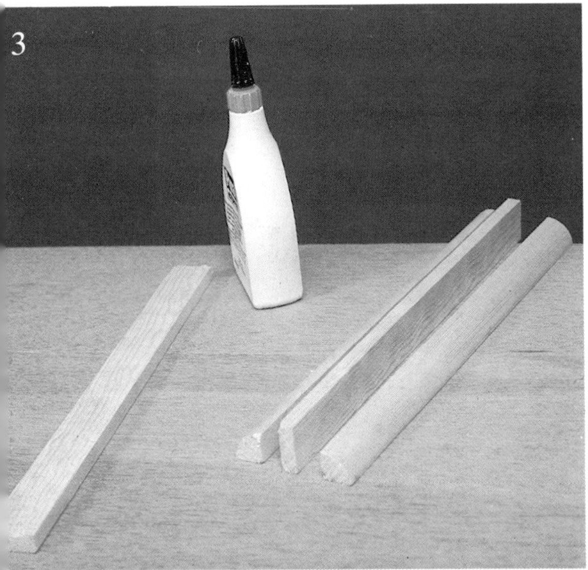
3

4

Zwei Viertelstäbe und eine Rechteckleiste leimt man zuerst zusammen. Jeweils eine der Kontaktflächen wird mit einem Strang Weißleim beschichtet. Dann legt man die Leisten so zusammen, wie es Bild 3 zeigt. Zwei Zwingen werden angesetzt und gespannt (Bild 4). Dabei muß man vorsichtig zu Werke gehen, denn mit zu viel Druck kann das Teilprofil jetzt noch auseinanderbrechen.

Das zweite Teilprofil, ebenfalls aus zwei Viertelstäben mit einer Rechteckleiste in der Mitte, wird als nächstes verleimt. Nachdem die Leimverbindungen ausgehärtet sind, fügt man nun beide Teilprofile zusammen und legt die letzten beiden Rechteckleisten dabei ein. Diese Rechteckleisten sollen sich allerdings nicht in der Mitte treffen, sondern nur bis an die Kante der Viertelstäbe reichen. Nur so wird das Fußprofil gleichmäßig. Außerdem entsteht ganz nebenbei ein Kanal in der Profilmitte, durch den das Lampenkabel gezogen werden kann. Mühsames Bohren mit einem extra langen Bohrer ist deshalb nicht erforderlich.

Genau rechtwinklig werden nun die Endstücke oben und unten abgesägt (Bild 5). Am besten gelingt dieser Schnitt mit einer Sägehilfe: einer Gehrungsstütze, in die der feingezahnte Fuchsschwanz eingesetzt werden kann. Winkeltreue und exakt senkrechter Schnitt sind mit diesem preiswerten Hilfsmittel kein Kunststück. Hat man dieses Werkzeug nicht, muß der Schnitt vorher mit einem Winkel angezeichnet werden – und zwar oben und auf beiden Seiten. Nur so läßt sich beim Sägen die Führung genau kontrollieren.

Alle Kanten, die Sägeflächen und herausgequollene Leimtränen werden mit feinem

Schleifpapier bearbeitet, bis das Profil des Tischleuchtenfußes ganz sauber und glatt aussieht.

Weil dieses schlanke Profil allein nicht standfest wäre, bekommt die Leuchte nun noch eine Fußplatte. Aus 21 mm dicker, kiefernfurnierter Tischlerplatte wird ein Quadrat von 20 cm Kantenlänge ausgeschnitten. Diesem Quadrat kappt man nun noch die Ecken, um die Form gefälliger zu machen und dem Vieleck des Fußes anzupassen (Bild 6). Um das entstehende Achteck auch gleichseitig zu machen, wird jeweils 5 cm von jeder Ecke des Quadrats entfernt eine dünne Bleistiftmarkierung angebracht. Diese Striche verbindet man mit einer Linie als Markierung für die Säge. Geschnitten wird von oben, von der später sichtbaren Seite, denn bei einer Handsäge reißen die Fasern des Furniers nach unten sehr leicht aus.

Nach dem Schleifen aller Schnittkanten geht es an das Furnieren. Echtholz-Kantenmaterial, bestehend aus einem schmalen Kiefernfurnier mit Schmelzkleber auf der Rückseite, läßt sich sehr einfach verarbeiten. Mit einem normalen Bügeleisen (kein Dampfbügeleisen!) wird der Kantenstreifen einfach aufgebügelt (Bild 7). Bei der Einstellung „Baumwolle" sollte man mit langsamen, aber zügigen Bewegungen über das Holz fahren, um den Schmelzkleber zu erweichen. Kräftiges Nachreiben mit einem kleinen Holzklotz sorgt dann dafür, daß beim Erkalten das Kantenmaterial überall fest haftet.

Jede der kurzen Achteckseiten wird übrigens (anders als auf unserem Foto) mit einem eigenen Streifen beschichtet, denn biegen oder brechen läßt sich das spröde Kiefernfurnier kaum. Deshalb schneidet

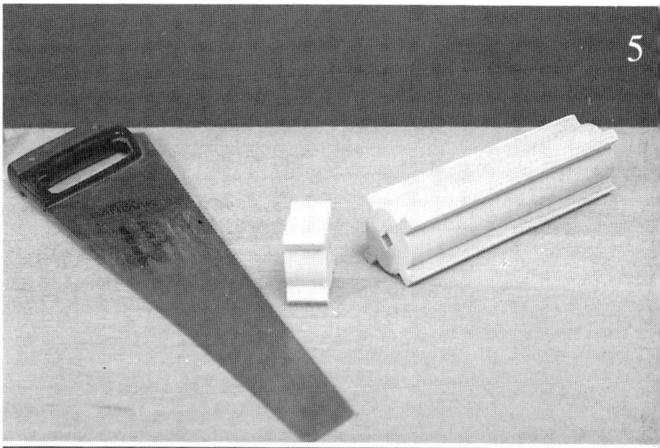
5

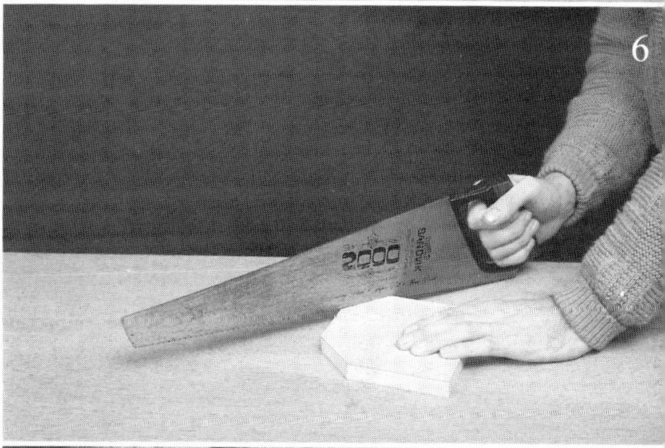

6

7

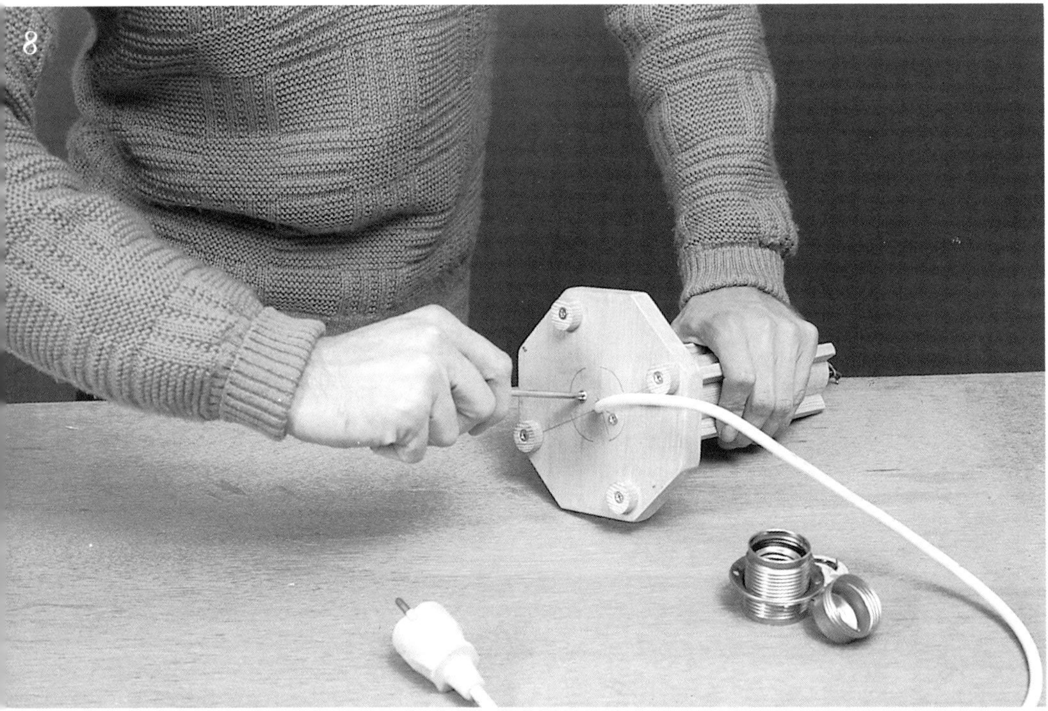

8

man es mit dem Universalmesser zu. Das geht am besten auf einer Holzplatte, wenn man einen Metallwinkel als Messerführung benutzt.

Mit dem Universalmesser trennt man auch überstehende Teile des Furnierstreifens grob ab. Der Rest wird beim Schleifen des Fußes (180er Papier) mit entfernt.

Genau in der Mitte erhält der Fuß nun noch eine 10-mm-Bohrung, durch die das Kabel gesteckt werden kann.

Um das Kabel nun seitlich aus dem Fuß herauszuführen, wird die Grundplatte auf kleine „Füße" gestellt. Vier 10 mm lange Abschnitte eines dickeren Rundholzes (20 bis 25 mm Durchmesser) werden in der Mitte vorgebohrt und unter die Grundplatte geleimt und geschraubt.

Ebenfalls mit Weißleim und Schrauben verbindet man nun die Fußplatte mit dem selbstgebauten Profil. Dazu hält man das Profil erst einmal genau über die Mittelbohrung auf der Unterseite und zeichnet die Konturen mit einem Bleistift nach. Die beiden Schraublöcher können nun so vorgebohrt werden, daß man genau zwei der Viertelstäbe und nicht die schmalen Leisten dazwischen trifft. Das Profil wird dünn mit Weißleim bestrichen, aufgesetzt und mit den Schrauben montiert (Bild 8).

Zur Montage der Fassung: Gebraucht wird hier eine Fassung mit zwei Schraubringen (aus Kunststoff oder aus Messingblech). Zur Befestigung am Holz des Leistenprofils benötigt man zusätzlich noch einen Schraubnippel, dessen Flansch mit vier kleinen Bohrungen versehen ist. Dieser Schraubnippel (man bekommt ihn wie Fassung, Kabel und Stecker im Elektrofachgeschäft) wird zunächst allein aufgeschraubt, nachdem man das Kabel weit genug durch den Fuß gezogen hat. Auf diesen Schraubnippel kann man dann die auseinandergenommene Fassung zunächst mit ihrem Unterteil einfach nur aufdrehen. Dazu muß eine kleine Arretierungsschraube, die vom Inneren der Fassung zugänglich ist, losgeschraubt werden. Nach dem Aufdrehen der Fassung auf den Nippel zieht man diese Schraube wieder fest. Die Fassung kann sich nun nicht mehr verdrehen (Bild 9).

Über den richtigen elektrischen Anschluß informieren Sie sich bitte im Kapitel „Elektrische Installation" ab S. 74.

Der Lampenschirm, hier ein gekaufter Faltschirm aus einem skandinavischen Möbelhaus, läßt sich ganz leicht anbringen. Auf das Außengewinde der Fassung wird zunächst nur ein Klemmring, mit dem Flansch nach oben, bis über die Mitte aufgedreht. Nach dem Aufstecken des Schirms, dessen Gestell mit einer entsprechenden Drahtöse versehen ist, wird dann der zweite Klemmring, diesmal mit dem Flansch nach unten, aufgedreht (Bild 10). Zum Schluß erst wird die Glühbirne eingeschraubt.

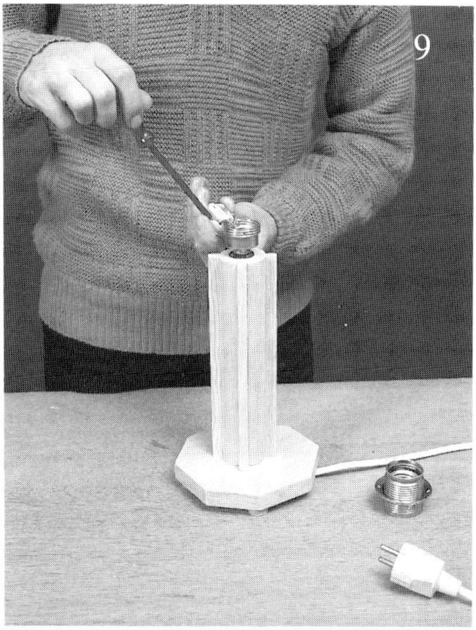

9

10

11

Lampenschirm aus Korktapete

Drahtgestelle für Lampenschirme gibt es fertig zu kaufen. Lampengeschäfte oder Bastelläden bieten sie in verschiedenen Größen und Ausführungen an. Entweder kauft man ein Fertiggestell oder nur Ringe. Beim Fertiggestell, das es für zylindrische, konische oder auch pyramidenförmige Lampenschirme gibt, ist man durch die verschweißten senkrechten Streben zwischen dem oberen und dem unteren Ring in der Form und Größe absolut festgelegt. Weil das Gestell in sich schon stabil ist, hat man aber den Vorteil, auch weniger steifes Material zum Bespannen verwenden zu können. Kauft man einzelne Ringe, muß man ein sehr stabiles Schirmmaterial verwenden oder eine dünne Bespannung verstärken. Das geht zum Beispiel mit dem Aufbügelkarton, der zusammen mit den Schirmgestellen angeboten wird.

Einer der beiden Metallringe muß übrigens mit einem Mittelhalter für die Montage an der Fassung ausgerüstet sein.

Für Tischleuchten sollte der untere Ring diesen Halter haben. Bei Hängeleuchten wird die Fassung am oberen Ring befestigt. Für die auf den Bildern 11 und 12 gezeigten Lampenschirme mit Korkoberfläche braucht man Fertiggestelle aus weiß beschichtetem Draht. Beschrieben wird hier der Arbeitsablauf für den auf Bild 11 vorgestellten Schirm. Da Korkplatten – mit denen zum Beispiel der Kork-Lampenfuß beschichtet wurde – zu dick und zu steif für den Schirm sind, kommt als Material nur dünne Korktapete in Betracht.

Es gibt sie in breiten Bahnen (bis 100 cm) als Rollenware. Bei diesem Material liegt eine hauchdünne, meist nur Zehntelmillimeter dicke Korkschicht auf einem Trägerpapier.

Mit dem Universalmesser, an einem Lineal sicher entlanggeführt, schneidet man einen Korktapetenstreifen zu, der 5 cm breiter ist, als das Lampenschirmgestell hoch ist (Bild 13). So hat man nachher oben und unten jeweils 2,5 cm Material, das als Rand umgeklebt werden kann.

Die Länge des Streifens ermittelt man ganz einfach, indem der Schirmrohling auf der Tapetenbahn abgerollt wird. Auch hier gibt

12

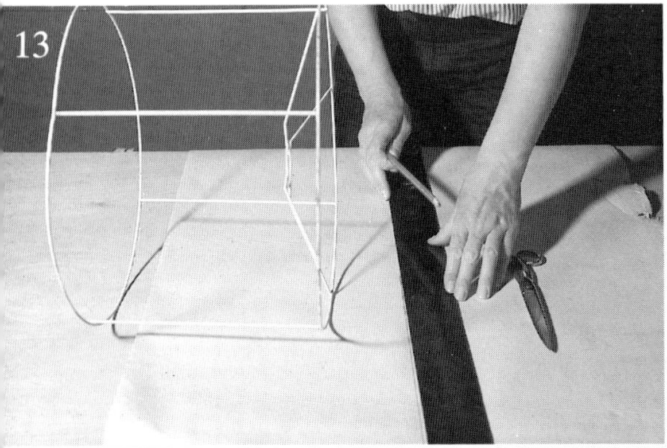

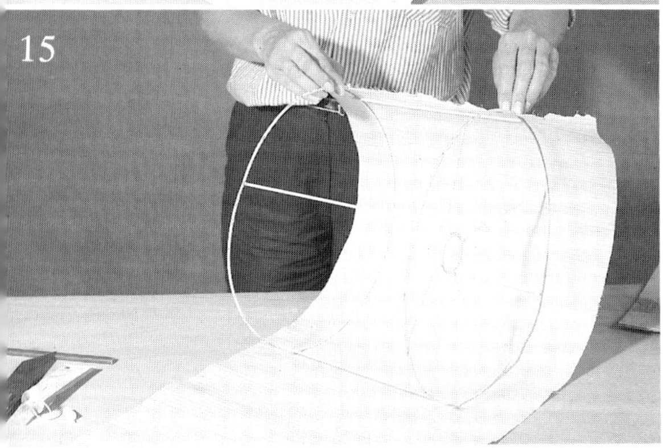

man 5 cm zu, um eine gute Überlappung zum Verkleben der Naht zu behalten.
Ist die Korktapete einigermaßen stabil, kann sie ohne irgendeine Verstärkung direkt auf das Drahtgestell geklebt werden. Durch ihre helle Papierrückseite kann dann noch etwas Licht durchscheinen und sehr interessante Effekte ergeben.
Ist die Korktapete sehr dünn, muß sie mit weißem Karton verstärkt werden. Am besten eignet sich dazu der Aufbügelkarton, dessen Verwendung und Verarbeitung ab Seite 45 ausführlich beschrieben ist.
Die Breite dieses Kartonstreifens richtet sich nun genau nach der Höhe des Lampenschirmgestells, also ohne Randzugabe.
Diesen Karton bügelt man, anders als sonstige Aufbügelmaterialien, von der Rückseite auf. Das macht es möglich, die Ränder der Tapete ohne die steife Kartonunterlage um den Draht zu kleben.
Die zweite Verstärkungsmöglichkeit für eine zu dünne und nicht ausreichend steife Korktapete ist, dem Lampenschirmbezug zwei „gute" Seiten zu geben. Auf die Rückseite der Tapete wird dafür ein zweiter Korktapetenstreifen, genau in der Breite, die der Gestellhöhe entspricht, exakt in der Mitte aufgeklebt. Auch hier läßt man die 2,5 cm breiten Ränder zum Umkleben des Drahtgestells frei.
Zusammengeklebt werden diese Tapetenbahnen mit einem wasserfreien Kleber. Tapetenkleister, Dispersionskleber und Weißleim scheiden ebenso aus wie Spezialkleber für Korktapeten. Sie alle lassen das Trägerpapier quellen; Beulen wären die Folge. Transparenten Deko-Kleber auf Lösungsmittelbasis kann man dagegen verwenden. Wesentlich einfacher ist jedoch die Verwendung von Sprühkleber.

16

Dieser Kleber aus der Sprühdose ist eigentlich ein Kontaktkleber. Man muß also beide Klebeflächen beschichten. Hier genügt es aber, wenn man einigermaßen flott arbeitet, nur die zusätzliche Bahn von der Rückseite einzusprühen. Auf einer alten Zeitung, ausreichend groß ausgelegt, geht das zügig. Ganz schnell, bevor der Kleber antrocknet, fügt man die beiden Tapetenstreifen maßgenau zusammen und reibt die Flächen mit dem Handballen vorsichtig an. Nach wenigen Minuten sind die Bahnen faltenfrei und fest verbunden.
Beim Aufziehen der Tapete, verstärkt oder wie hier gezeigt ohne zusätzliche Verstärkung, werden die Ringe des Drahtgestells von außen mit Alleskleber bestrichen (Bild 14). Dann rollt man es Stück für Stück auf der Tapetenbahn ab (Bild 15).

Wenn bei dieser Arbeit der Kleber etwas verschmiert, ist das unwichtig, denn die Randstreifen werden ohnehin noch umgelegt. Erst einmal knickt man diese Randstreifen ohne Kleberbeschichtung um, damit die Korktapete sich der neuen Form anpaßt. Stück für Stück wird der Rand dann mit Kleber eingestrichen und umgelegt. Dabei sollte man mit den Fingern die Tapete so anreiben, daß der Ring des Drahtgestells regelrecht eingewickelt wird. Bild 16 zeigt diesen Arbeitsgang bei einem Schirm, dessen Tapetenschicht von innen mit einer zusätzlichen Lage verstärkt wurde. Der Ansatz der Randverklebung ist bei dem ungleichmäßigen Korkmuster gar nicht zu erkennen.
Etwas Zuschneidearbeit ist nur überall dort nötig, wo die Mittelstreben zur Befestigung

der Lampenfassung an die Ringe geschweißt sind. Hier schneidet man kleine Streifen genau in Drahtbreite aus, aber nur so weit, daß die Korkränder noch unten um den Draht herumgelegt werden können.
Die Montage auf dem Leuchtenfuß, hier einem runden Fuß mit einer Beschichtung aus Korkplatten, ist mit den beiden Klemmringen an der Fassung ganz einfach (Bild 17).
Ein Tip zum Schluß: Genauso, wie hier Korktapete verarbeitet wurde, läßt sich auch jede Mustertapete zum Beziehen eines Lampenschirmgestells benutzen. Das ergibt sehr interessante Effekte, wenn zum Beispiel vor einer Wand mit Streifentapete eine Leuchte mit einem Schirm aus der gleichen Tapete – in der gleichen Laufrichtung verarbeitet oder quer dazu – aufgestellt wird. Bei diesen Mustertapeten wird aber fast immer eine Verstärkung mit Aufbügelkarton nötig sein. Weil dieser weiße Karton lichtdurchlässig ist, muß man bei der Auswahl des Tapetenrestes, aus dem der Lampenschirm entstehen soll, ein Stück ohne Rapportmarkierungen oder Beschriftungen auf der Rückseite aussuchen.

17

Leuchtenfuß mit Korkverkleidung

Dieser runde Leuchtenfuß mit Korkverkleidung ist ein wirklicher Alleskönner, denn er paßt zu sehr vielen Lampenschirmen. Die Bilder 11 (S. 14) und 19 zeigen es: Der helle, kegelförmige Schirm (aus Karton oder Stoff auf Karton) sieht zum Korkfuß ebenso attraktiv aus wie ein Korkschirm. Auch an anderer Stelle dieses Buches, nämlich beim Bau eines Lampenschirms aus Jeans-Tapete (S. 25) begegnet uns ein solcher Korkfuß.
Das Material Kork bekommt man in Heimwerkermärkten oder in jedem Farben- und Tapetengeschäft in verschiedenen Ausführungen. Für den Bau einer Tischleuchte sind die Korkplatten von 30 × 30 cm oder 30 × 60 cm am meisten zu empfehlen. Diese gleichmäßig dünnen Platten werden in vielen verschiedenen Oberflächen angeboten, vom feinkörnigen Preß-Granulat bis zu Dekorplatten, bei denen feine Korkschichten auf farbige Untergründe aufkaschiert sind. Diese Platten sind etwa 2 bis 4 mm dick und meist sehr strapazierfähig. Die wesentlich dünnere Korktapete, wie sie für den Lampenschirm auf S. 14 verwendet wurde, eignet sich nur mit Einschränkungen für die Beschichtung von Lampenfüßen. Korktapeten können nämlich mechanisch kaum beansprucht werden. Bei der Verarbeitung und später beim Anfassen des Fußes müßte man daher einige Vorsicht walten lassen.
Als Unterbau für diesen runden Leuchtenfuß eignet sich ein ganz einfaches Material: dicke Versandrollen aus Pappe, die mit Plastikdeckeln verschlossen werden. Man bekommt sie in verschiedenen Durchmessern und Längen in Papiergeschäften.

Bei der Höhe des Leuchtenfußes richtet man sich am besten nach dem Format der Korkplatten, um unnötigen Verschnitt oder gar Anstückeln zu vermeiden. In diesem Fall standen 30 cm breite Korkplatten zur Verfügung. Also mußte von der Versandrolle ein entsprechendes Stück abgetrennt werden.

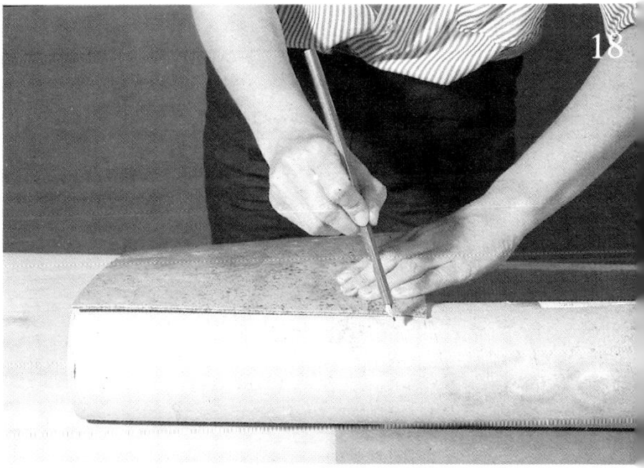
18

Die Bleistiftmarkierung für einen ganz geraden Schnitt anzuzeichnen ist kein Kunststück, wenn man sich eines kleinen Tricks bedient. Nachdem man zuerst einen kurzen Bleistiftstrich zur Markierung des 30-cm-Abstandes angebracht hat (Bild 18), wird um die Versandrolle ein ausreichend langer Papierbogen herumgewickelt und so ausgerichtet, daß die überlappenden Ränder an

der gekennzeichneten Stelle genau übereinander liegen (Bild 20). An der Papierkante entlang kann nun ringsum die Bleistiftmarkierung gezogen werden (Bild 21). Mit einem feingezahnten Fuchsschwanz oder mit einer Feinsäge durchtrennt man nun vorsichtig die Kartonrolle (Bild 22). Die Schnittkanten werden, wenn sie arg ausgefranst sind, mit der Klinge des Universalmessers noch etwas geputzt.

Vor dem Beschichten dieses Rohlings muß nun aber noch die elektrische Installation vorbereitet werden. Im Elektrofachhandel besorgt man sich dafür ein 30 cm langes Pendelrohr mit Gewinde auf beiden Seiten, zwei dafür passende Schraubenmuttern und eine Fassung (Kunststoff oder Messing) mit zwei aufgeschraubten Klemmringen für den Lampenschirm. Die Kunststoffdeckel der Versandrolle werden genau in der Mitte mit einem 10-mm-Bohrer durchbohrt (Bild 23).

Durch den unteren Deckel steckt man das Pendelrohr ein (Bild 24), bis nur noch ein

21

22

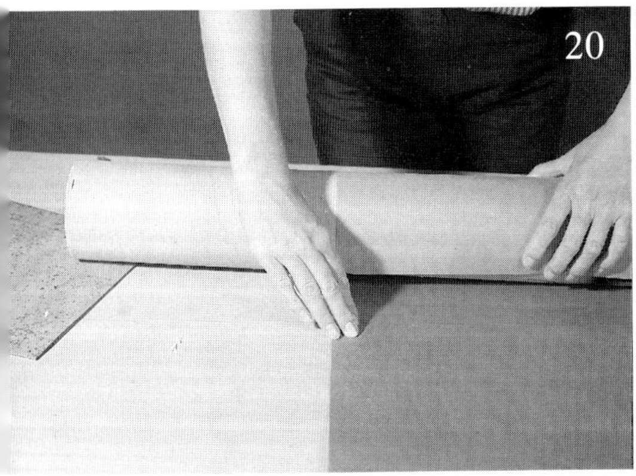
20

23

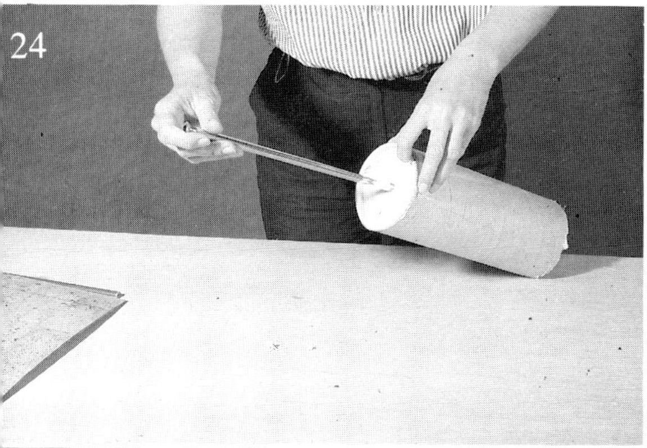

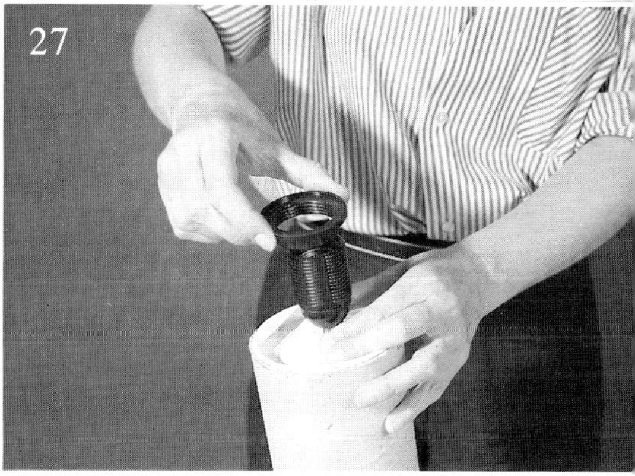

kurzes Stück des Gewindes hervorsteht. Auf dieses dreht man dann die Schraubenmutter auf. Der obere Deckel wird noch nicht montiert, denn erst einmal muß die Versandrolle noch eine Füllung bekommen, die ihr Gewicht und damit Standfestigkeit verleiht.

In einer Schüssel rührt man ein Gemisch aus feinem Sand und Schnellzement oder auch eine handelsübliche Spachtelmasse an. Ganz wenig Wasser wird hinzugegeben, so daß die Masse gerade erdfeucht ist.

Dieses Gemisch füllt man nun in die Versandrolle mindestens bis zur halben Höhe ein (Bild 25). Während man mit einem Leistenstück die Füllmasse feststampft, hält die andere Hand das Pendelrohr möglichst in der Mitte, denn es soll ja, wenn man dann den oberen Deckel aufsetzt (Bild 26), genau durch die Bohrung in der Mitte dieser Plastikscheibe passen. Auf das herausragende Gewinde wird wieder eine Schraubenmutter gedreht. Das geht trotz gleicher Länge von Papprolle und Pendelrohr, weil

die Deckel um etwa 10 mm nach innen gewölbt sind.
Die Fassung wird gleich anschließend montiert (Bild 27). Nach dem Abschrauben des Außenstückes mit dem Gewinde kann man den Einsatz mit den Kontaktklemmen aus der Fassung herausnehmen. Das Fassungsunterteil ist nun zugänglich, so daß man mit einem kleinen Schraubendreher die Arretierungsschraube am Rand des eingeformten Gewindes lösen kann. Dann wird das Unterteil auf das Gewinde des Pendelrohres aufgedreht, die Arretierungsschraube als Schutz gegen das Losdrehen wieder angezogen. Die Verdrahtung der Fassung (Einzelheiten finden Sie im Kapitel „Elektrische Installation“ ab Seite 74) sollte noch bis nach der Beschichtung des Leuchtenfußes mit Kork warten.
Ein Kontaktkleber wird gebraucht, um die Korkplatten auf die Papprolle zu kleben. Mit einem Pinsel oder mit einem feinen Zahnspachtel trägt man ihn auf (Bild 28). Bei Kontaktkleber beschichtet man immer beide Kontaktflächen, läßt sie ablüften und fügt dann erst die Teile paßgenau zusammen.
Nach dem Einstreichen von Korkrückseite und Rolle muß man daher erst einmal rund 15 Minuten warten, bis das Lösungsmittel des Klebers verdunstet ist. Wann der Zeitpunkt zum Verkleben gekommen ist, ergibt der „Fingertest“. Tippt man kurz auf die Kleberschicht, darf nichts mehr am Finger hängenbleiben. Erst dann erhält der Kleber die richtige Haftkraft.
Die große Festigkeit ist der Vorteil eines Kontaktklebers. Daß er sofort nach dem Zusammenpressen der Teile klebt, ist ein Nachteil, denn man kann nichts mehr korrigieren. Für das Aufkleben des Korks macht man sich daher vor dem Kleben eine Längsmarkierung auf der Papprolle. Hier kann man dann die Korkplatte ansetzen und langsam um das Rohr herum aufwikkeln (Bild 29). Dabei immer auf guten Kontakt zur Pappe achten und keine Luftblasen einschließen!

28

29

An der Naht läßt man die Korkplatte zunächst etwas überlappen. An einem Stahllineal oder einem langen Metallwinkel entlang trennt man nun die überlappende Korkplatte genau über dem Ansatz ab und drückt die Platte fest (Bild 30).

30

31

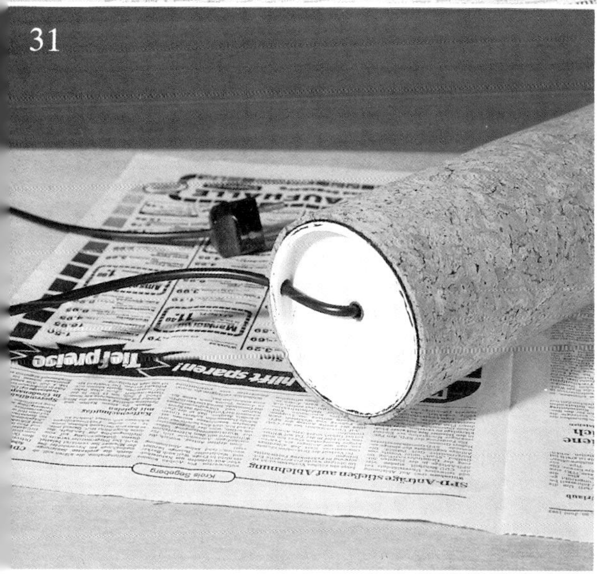

Der obere Deckel der Leuchte wird mit einer kreisrunden Korkplatte verkleidet. Hier klebt man ein größeres Stück auf und schneidet die Ränder später genau nach dem Umfang der beschichteten Versandrolle zu.

Die untere Abdeckung braucht nicht verkleidet zu werden. Hier führt das Kabel aus dem Pendelrohr unter den Boden und durch eine seitliche Bohrung (10 mm Durchmesser) aus dem Leuchtenfuß heraus; Bild 31 zeigt das im Detail.

Der Lampenschirm wird bei dieser Fassung so gebaut (oder gekauft), daß er einen Haltering für die Fassung unten hat. Welche Fassung man verwendet, um oben aufgehängte Schirme zu befestigen, wird beim Bau der Flaschenleuchte (S. 30) erläutert und im Bild gezeigt.

Lampenschirm im Jeans-Look

Jeans sind immer „in“, warum also nicht auch als Bezug für einen Lampenschirm? Im Kinderzimmer oder in den Zimmern von Jugendlichen wird die auf Bild 34 gezeigte Leuchte bestimmt gut ankommen. Hoffentlich nicht zu gut, denn sonst wird sicherlich noch verlangt, das ganze Zimmer „in Jeans“ zu tapezieren. Das geht nämlich, denn bei dem Bezug für diesen Lampenschirm handelt es sich um eine richtige Textiltapete im Jeans-Look, die in Farben- und Tapetengeschäften meterweise verkauft wird (Hersteller: Erfurt, Wuppertal). Passend zu dieser Spezialtapete wird eine selbstklebende Abschlußborte angeboten, einmal mit einem Zopfmuster und einmal in der Ausführung „Stars and Stripes“.

Das Grundgerüst für diesen Lampenschirm ist ein fertig gekauftes Lampenschirmgestell für einen zylindrischen Schirm. Andere Formen sind ebenso möglich, erfordern nur andere Zuschnitte.

Die Jeans-Tapete besteht aus einer Stoffschicht auf ziemlich dickem Tapetenpapier. Sie ist also steif genug, um allein als Schirmbespannung verwendet zu werden. Eine Verstärkung mit Bügelkarton ist nur dann nötig, wenn man kein fertiges Gestell, sondern lediglich zwei Lampenschirmringe verwendet. Die Verstärkung wird dann nur in der Breite aufgebracht, die der tatsächlichen Höhe des Schirmgestells entspricht.

Die Jeans-Tapete wird mit der Papierseite nach oben auf einem Arbeitstisch ausgerollt. Angezeichnet wird dann der Zuschnitt einer Bahn, die 5 cm breiter und 5 cm länger ist als für den Schirm nötig. Diese Zugabe wird gebraucht, um einerseits eine saubere Klebenaht an der Überlappungsstelle und andererseits Einfassungen rund um die Drahtringe oben und unten herstellen zu können.

Das Lampenschirmgestell wird nun regelrecht in diesen Tapetenstreifen eingewickelt (Bild 32). Um bei diesem Arbeitsgang die Tapete am Gestell zu fixieren, kann man Alleskleber streifenweise auf die Außenseiten der Drahtringe auftragen. Man kann aber auch alle zehn Zentimeter oben und unten eine Wäscheklammer als Miniaturschraubzwinge über Tapete und Draht-

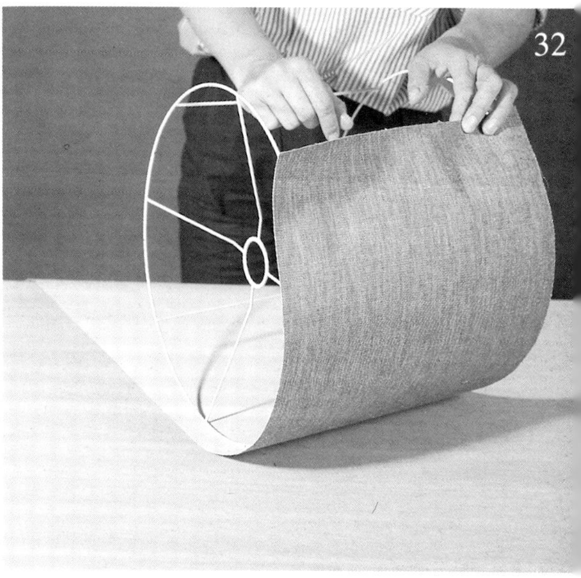
32

ring klemmen. Diese Klammern bleiben so lange drauf, bis die Kanten umklebt sind. Um die Ränder der Tapetenbahn in die richtige Form zu bringen, werden sie erst einmal ohne Kleber umgefalzt. Dabei kann man auf der Unterseite des Schirms auch schon gleich dort Ausschnitte anbringen, wo die zur Mitte laufenden Streben zum Haltering für die Fassung sitzen. Mit der Schere schneidet man hier Streifen in Drahtbreite aus.

Stück für Stück umklebt man nun die Ränder des Schirms (Bild 33). Immer nur ein Viertel des Umfangs wird mit Kontaktkleber oder Alleskleber eingestrichen, sorgfältig um den Draht gelegt und so angedrückt, daß die Schnittkanten in einer geraden Linie verlaufen.

Ein Jeans-Schirm ohne Verzierung ist jetzt schon fertig. Soll eine Borte als Zierkante oder als Schmuckband angebracht werden, geht das mit der Selbstklebeborte, die als Zubehör zu der Jeans-Tapete angeboten wird, ganz schnell. Ein Stück in der Länge des Umfangs wird abgewickelt. Das Schutzpapier wird nur auf den ersten zehn Zentimetern abgezogen (Bild 35) und dann nach hinten weggeknickt. Nun kann man die Borte an der gewünschten Stelle ansetzen und festdrücken. Während die eine

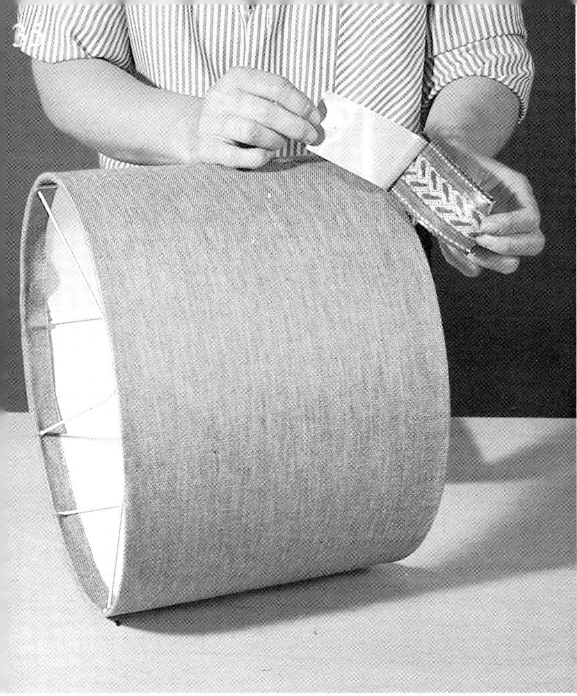

35

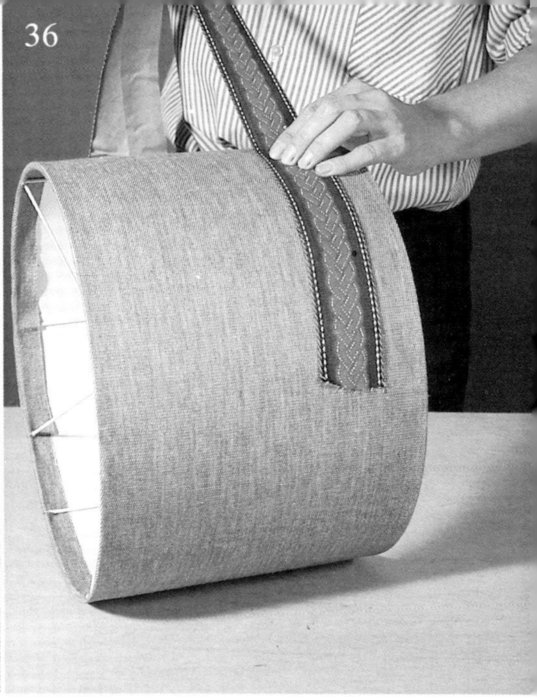

36

Hand das Schutzpapier weiter nach hinten wegzieht, führt die zweite Hand die Borte und drückt sie Stück für Stück fest (Bild 36). Diese Arbeitstechnik verhindert, daß die Selbstklebeborte sich mit sich selbst verklebt. An der Stoßstelle wird eine Schnittlinie markiert, die Borte mit der Schere abgeschnitten und auf Stoß geklebt.
Ein Tip: Wer Schwierigkeiten mit der Beschaffung der Jeans-Tapete hat, kann auch Jeansstoff aus dem Textilgeschäft verarbeiten. Als Unterlage und Versteifung braucht dieser Stoff allerdings einen Streifen Aufbügelkarton, den Sie dort kaufen können, wo Sie auch Lampenschirmgestelle bekommen. Notfalls unter dem Stichwort „Lampenschirme" im Branchen-Fernsprechbuch nachsehen, wenn Bastelgeschäfte oder Elektrohändler nicht weiterhelfen können.
Die Verarbeitung von Stoff auf Aufbügelkarton wird in dem Kapitel „Lampenschirm aus Stoff" (S. 43) ausführlich beschrieben.

Eine Flasche als Tischleuchtenfuß

Große Flaschen reizen allemal, zu einer Leuchte umgebaut zu werden. Man sieht es an den Zehntausenden von Chianti-Flaschen, die ihre Karriere unter einer Tropfkerze beenden. Wer es nicht schnörkelig und verspielt, sondern klar und glatt haben möchte, sollte sich nach einer Flasche wie der auf Bild 37 gezeigten umsehen. Drei Liter italienischen Wermuts mußten ordnungsgemäß beseitigt werden, bevor sie zur

37

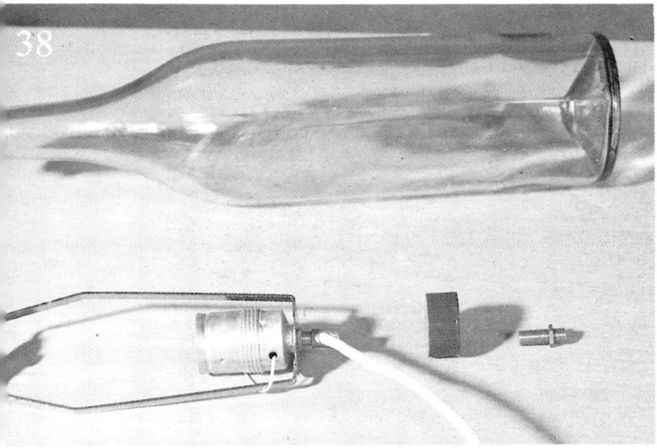

Verfügung stand. Große Weinbrandflaschen eignen sich natürlich ebensogut.
Um alle Aufkleber zu entfernen, wird die Flasche erst einmal in heißem Wasser mit Spülmittel eingeweicht und mit einem harten Schwamm abgerieben.
Den Verschluß, ein Korken oder wie hier eine Kunststoffdrehkappe, sollte man sorgfältig aufbewahren, denn er wird noch als Träger für die Fassung gebraucht.

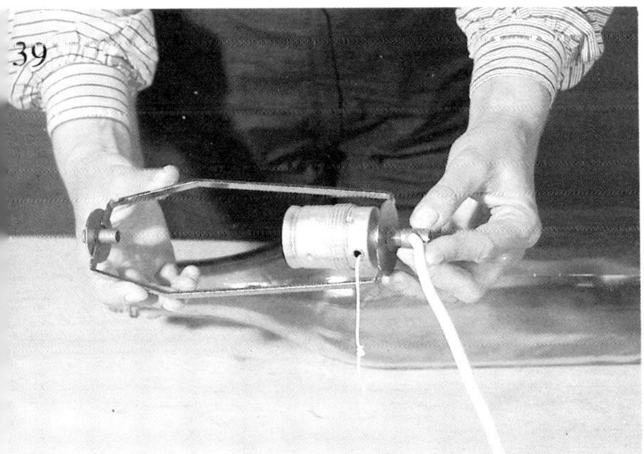

Als weitere Zubehörteile benötigt man: eine Glühbirnenfassung mit eingebautem Schnurzugschalter, einen Bügel für die Befestigung von Lampenschirmen (bei Aufhängung oben, andernfalls eine Fassung mit zwei Klemmringen kaufen), zwei Gewinderöhrchen, 3 und 5 cm lang, eine Schraubenmutter und eine Gewindehülse mit seitlichem Kabelausgang (Bild 38). Dazu braucht man natürlich noch Kabel und Schuko-Stecker.
Auf das 5 cm lange Gewinderöhrchen schraubt man die Gewindehülse mit dem seitlichen Kabelauslaß. Durch diese Hülse wird das Kabel in die Fassung geführt, die Zuleitung läßt man später einfach hinter dem Flaschenfuß herabhängen. Das erspart das Durchbohren des Flaschenbodens. Da man das Kabel bei dem klaren Glas ja auch im Inneren der Flasche noch sehen könnte, besteht optisch kaum ein Unterschied.
Um die Fassung mit der Gewindehülse zu verbinden, braucht man das zweite, kürzere Gewinderohr. 2 oder 3 cm Länge reichen aus, denn es muß ja nur oben in die Fassung und unten in die Gewindehülse gedreht werden, nachdem man das Kabel durch die Hülse eingefädelt hat (Verdrahtung der Fassung siehe Kapitel „Elektrische Installation", S. 74). Zwischen Hulse und Fassung wird in unserem Fall ein Blechbügel als Schirmträger (nur für Obenbefestigung von Lampenschirmen, siehe Bild 38) geschraubt. Ihn bekommt man in einem gut sortierten Elektro-Fachgeschäft.
Die Fassung ist eine Spezialausführung, denn sie hat einen eingebauten Zugschalter, dessen Zugschnur seitlich aus dem Gehäuse heraushängt; auf Bild 39 ist das deutlich zu erkennen. Diese kurze Schnur ist am Ende mit einer Öse versehen, damit man

40

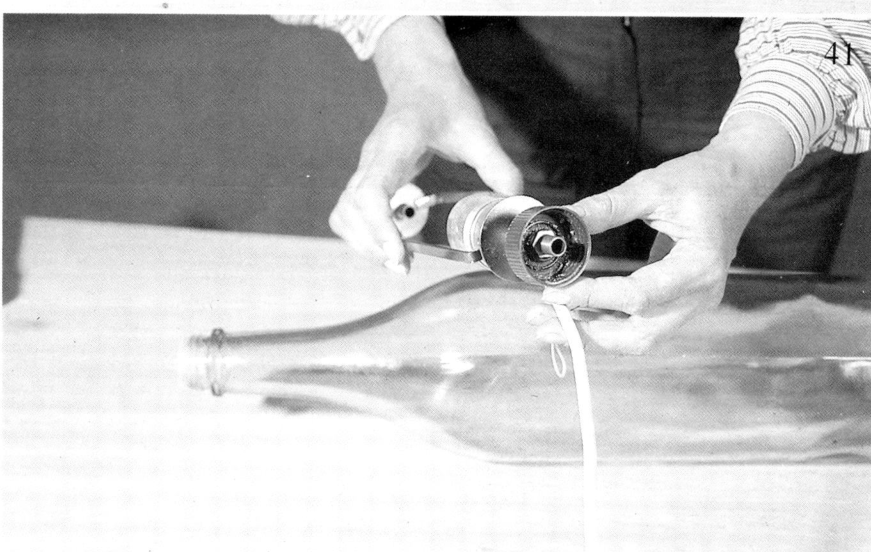
41

eine Verlängerung mit einem Zugknopf anknoten kann.

Die einfachste Montagemöglichkeit bietet sich mit einem Schraubverschluß an, der stabil ist und sich fest auf die Flasche drehen läßt. Mit einem 10-mm-Bohrer wird der Verschluß zunächst auf einem Stück Abfallholz genau in der Mitte durchbohrt (Bild 40). Dann probiert man aus, ob der Schraubverschluß sich mit der Bohrung über das aus der Fassung ragende Gewinderohr-Ende schieben läßt. Geht das nur schwer, wird das Loch mit einer runden Feile vorsichtig erweitert. Aber Achtung: Sowohl beim Bohren als auch beim Feilen sollte man sehr behutsam und ohne viel Druck arbeiten, damit der Kunststoffverschluß nicht zerspringt.

Ist das Gewinderohr-Ende nun durch den Verschluß gesteckt, wird die Konstruktion von unten mit der Schraubenmutter, die man aber nur von Hand fest anzieht, gesichert (Bild 41).

43

42

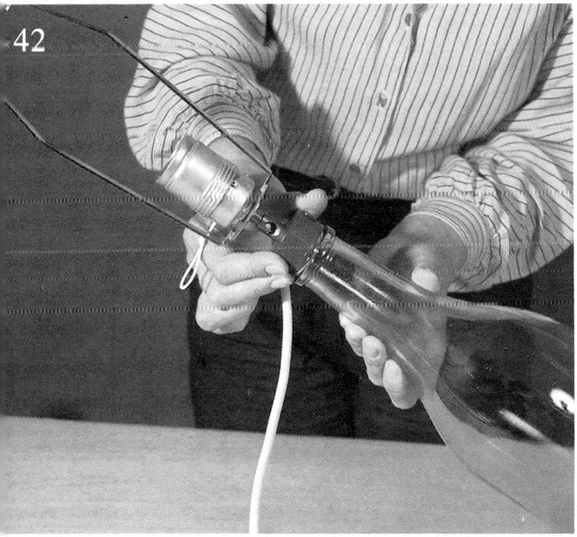

Gibt es keinen Schraubverschluß für die Flasche mehr, muß man sich mit einem möglichst genau passenden Korken behelfen. Auch er wird vorsichtig in der Mitte durchbohrt, ein Gewinderohr wird durchgesteckt und mit einer Schraubenmutter gesichert.

Die komplett montierte Einheit – Fassung mit Schirmträger, Kabel und Flaschenverschluß – wird nun einfach auf den Flaschenhals aufgeschraubt (Bild 42) oder bei einem Korken fest aufgesteckt.

Der Schirm, hier ein selbstgebauter Korkschirm (siehe auch S. 15), wird auf den Schirmhalter aufgesteckt (Bild 43) und oben mit einer Mutter fixiert.

Pyramiden-Schirm mit Glasfaserbespannung

Grobes Glasfasergewebe, eigentlich zum Tapezieren von Wänden gedacht und deshalb auch als Meterware in Fachgeschäften für Farben und Tapeten zu bekommen, gibt diesem Schirm sein eigenwilliges Aussehen (Bild 48). Die aufgeklebten Blumen tun ein übriges, denn die großen weißen Flächen, nur durch die gut erkennbaren Faserverläufe strukturiert, reizen ja geradezu zum Aufkleben von Applikationen.

Die Anleitung zum Bau dieses pyramidenförmigen Schirms ist übrigens weitaus universeller, als es das Bild dieses einen Schirms (hier auf einem selbstgemachten Vasenfuß) vermuten läßt. Jede beliebige Neigung, bis hin zum pagodenförmigen, flachgeneigten Schirm, ist durch bloße Veränderung der Abmessungen möglich. Natürlich kann auch jeder andere Bezug, von der Korktapete bis zum Stoff auf Bügelkarton, diesem Schirm einen ganz anderen Charakter geben.

Das Grundmaterial, das man fertig kaufen sollte, sind zwei quadratische oder rechteckige Lampenschirmringe. In den Bastel- oder Elektrogeschäften, die Leuchtenzubehör verkaufen, findet man diese Ringe fast immer nur als Einzelteile, selten zu einem kompletten Gestell verschweißt. Grund dafür ist die Vielfalt der Gestaltungsmöglichkeiten, die mit diesen Ringen denkbar wird.

Hat man ein relativ steifes Schirmmaterial, zum Beispiel Stoff auf Bügelkarton, sind Verbindungsstreben zwischen dem oberen und dem unteren Ring gar nicht nötig. Wenn man die Ecken durch jeweils 1 cm Überlappung, die fest verklebt wird, ausreichend versteift, trägt sich so ein Schirm von allein. Das hier gewählte Material Glasfasertapete (übrigens in vielen verschiedenen Strukturen zu bekommen) hat diese Eigenschaft nicht und muß deshalb zusätzlich gestützt werden.

Im Eisenwarenladen beschaffen Sie sich das nötige Material: vier dünne Schweißdrähte, die möglichst gerade sein sollen. Außerdem brauchen Sie weißes Klebeband, eventuell auch weißes Isolierband.

Für unsere Pyramidenform müssen ein kleiner und ein großer Lampenschirmring an allen vier Ecken miteinander verbunden werden. Diese Aufgabe sollen zwei der langen Schweißdrähte übernehmen. Die anderen beiden können Sie benutzen, um erst einmal die gewünschte Form des Schirms herauszufinden.

Denn nach aufgezeichneten Maßen allein kann man sich kein rechtes Bild von dem zu erzielenden Gesamteindruck machen.

Also wird erst einmal zur Probe ein Gestell geformt.

Neben den kleinen oberen Ring legt man einen Schweißdraht so, daß er links und rechts gleich weit übersteht. Genau neben den Ecken des Rings (Bild 44) wird der Schweißdraht nun abgeknickt. Das geht bei dünnen Drähten noch von Hand, weil man lange Hebel hat. Der Knickwinkel ist vorläufig noch beliebig.

Der zweite Schweißdraht wird ebenso behandelt. Zusammen mit einem Helfer hält man nun beide Lampenschirmringe und die gebogenen Drähte so zusammen, daß sich

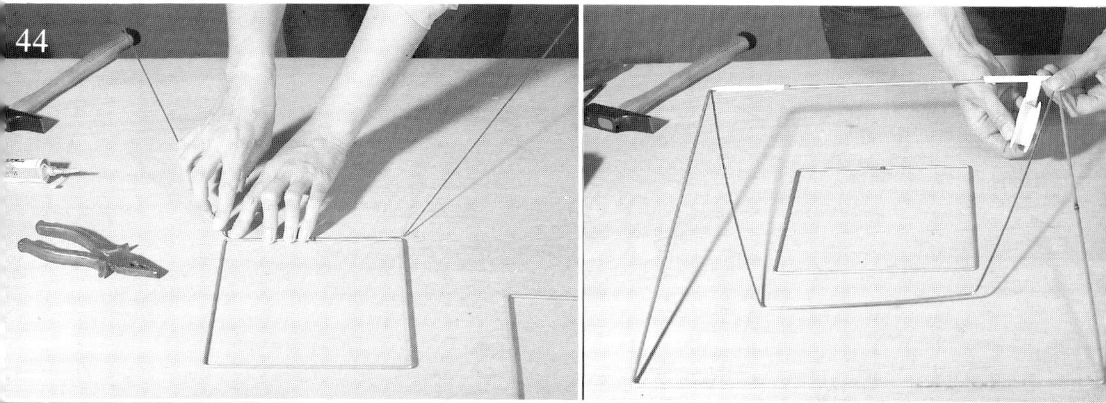
44

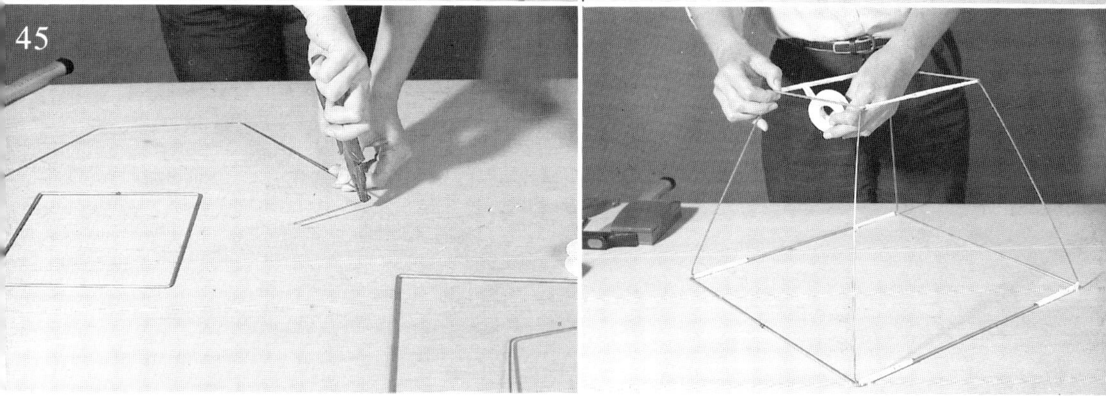
45

die Form eines Pyramidenstumpfes ergibt. Durch Verschieben des unteren Ringes und Nachbiegen der Drahtenden kann man nun gut beurteilen, bei welchem Abstand die Form des Schirmes am besten gefällt. Mit einem Filzstift markiert man die entsprechenden Maße auf den Schweißdrähten.

Die beiden Drähte, die als endgültige Streben eingesetzt werden sollen, biegt man nun ganz vorsichtig zurecht. Zuerst oben, so wie man die Probestücke geknickt hat. Dann wird in der Länge, die man beim Ausprobieren angezeichnet hat, der Draht scharf nach innen umgeknickt, so daß er parallel zum Draht des unteren Ringes liegt. Hier nimmt man am besten eine Flach- oder Kombizange zur Hilfe, denn bei kurzen Drahtenden hat man keinen ausreichenden Hebel mehr als Ansatz. Die zweite Hand hält den Draht direkt vor der Knickstelle, damit der Knick auch wirklich scharfkantig wird (Bild 45) und nicht zu einer mehr oder weniger beuligen Rundung gerät.

48

Die so entstandenen Drahtbügel müssen nun mit dem oberen und dem unteren Lampenschirmring verbunden werden. Um das aufwendige Hartlöten zu umgehen, nimmt man dafür einfach das weiße Gewebeklebeband oder Isolierband. Die Drahtbügel werden so gehalten, daß die Drähte genau in der Flucht der Streben untereinander liegen. Dann umwickelt man die Verbindungsstellen ganz straff mit Klebeband (Bild 46). Zunächst wird nur der erste Bügel mit beiden Ringen verbunden.

Die endgültige Gestalt nimmt das Drahtgestell des Schirmes dann an, wenn auch der zweite Drahtbügel montiert wird. Durch vorsichtiges Verbiegen (ohne die Streben in sich zu knicken) wird sichergestellt, daß die Streben jeweils genau an den Eckpunkten der Lampenschirmringe sitzen (Bild 47).

Nach der Form dieses fertigen Drahtgestells können jetzt die halbsteifen Glasfaserzuschnitte angefertigt werden. Die vier Seitenteile zeichnet man nach den Kontu-

ren der vier Seiten des Drahtgestells auf (Bild 49). Hat man sauber gearbeitet, sind sie alle gleich groß. Ein Hinweis: Wenn Sie dabei merken, daß der Drahtschirm in sich noch nicht ganz stabil ist, brauchen Sie nicht nachzukleben. Die Beschichtung der Seiten sorgt nachher für ausreichende Stabilität.

Zugeschnitten werden die Glasfaserseiten nach zwei verschiedenen Maßen. Zwei sich

Mit dem Aufkleben der mit Zugabe zugeschnittenen Seiten beginnt das Beziehen des Schirmes. Sehr nützlich ist dafür eine Schmelzkleberpistole, weil dieser besondere Kleber schon nach wenigen Sekunden so weit erkaltet ist, daß er den Teilen Halt gibt. Wer ein solches Gerät nicht zur Verfügung hat, kann natürlich auch Alleskleber aus der Tube nehmen, muß dann aber bis zur Festigkeit der Klebeverbindungen

49

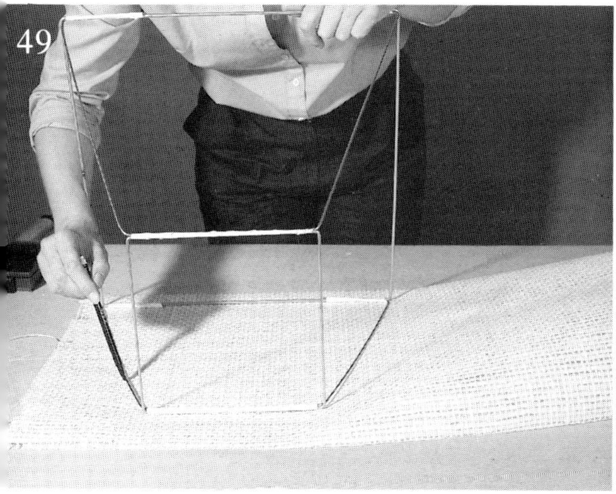

50

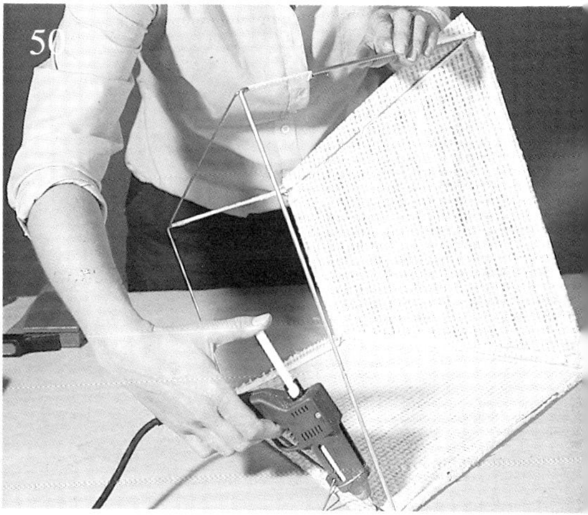

gegenüberliegende Seitenteile schneidet man genau nach den äußeren Umrissen des Drahtgestells zu, gibt aber oben und unten jeweils 1,5 cm zum Umkleben hinzu.

Die anderen beiden Seitenteile bekommen diese Nahtzugabe rundherum, nicht nur oben und unten. So kann man kleine, um die Streben herumragende „Flansche" formen, an denen die beiden knapper beschnittenen Seitenteile angebracht werden können.

immer kurze Wartezeiten einkalkulieren.

Auf der Werkbank wird die erste Glasfaserplatte ausgelegt. Das Drahtgestell richtet man nun so darauf aus, daß rundherum gleiche Überstände zu sehen sind. Schmelzkleber (weiß oder transparent) wird nun als Strang in die Fuge zwischen Draht und Glasfaser gespritzt, um beide erst einmal zu verbinden (Bild 50).

Die Überstände an den Längsstreben des Schirms knickt man im rechten Winkel ab,

51

52

so daß sie auf die angrenzende Fläche ragen. Die Überstande oben und unten werden erst einmal ohne Kleber vorgeknickt, um sie gefügig zu machen. Dann trägt man einen durchgehenden Kleberstrang auf die überstehende Lasche auf, knickt sie um den Draht und drückt sie über die ganze Länge mit dem Finger fest an.

Ist die gegenüberliegende Schirmseite auf die gleiche Weise präpariert, können die letzten beiden Glasfaserplatten aufgeklebt werden. Dazu beschichtet man die um die Ecken ragenden Laschen mit jeweils einem Kleberstrang und setzt die Platten auf. Achtung: Auf die Überstände oben und unten achten, sie sollen jeweils 1,5 cm lang sein!

Zum Schluß müssen noch die Überstände oben und unten verklebt werden. Bei den unteren Ecken müssen die Streifen leicht schräg beschnitten werden, um sie der Neigung des Schirms anzupassen.

Ein Stück Hartfaser- oder Lochplatte wird nun zu einem Quadrat zugeschnitten, das

von innen als Deckplatte genau auf den oberen Ring des Schirms passen muß (Bild 51). Ebenfalls mit Schmelzkleber wird diese Platte eingesetzt. Sie dient nicht nur als oberer Abschluß des Schirms, sondern auch als Träger für den Blechbügel an der Fassung, der für oben gehaltene Schirme gebraucht wird. Dazu bekommt diese Platte genau in der Mitte (Schnittpunkt der Diagonalen) eine 10-mm-Bohrung, durch die ein Gewinderohr gesteckt und mit einer Messingmutter gesichert werden kann.

Von oben wird diese Hartfaserplatte mit einem aufgeleimten Stück Glasfaser verdeckt, das man mit der Schere oder mit dem Universalmesser an einer Führungsschiene entlang zugeschnitten hat (Bild 52).

Nun noch zu den Applikationen, die diesen Schirm verzieren. Hier wurden selbstgepreßte Blüten verwendet, die einige Wochen zwischen zwei Löschpapieren in schweren Büchern getrocknet wurden (Bild 53).

Sind diese Blüten papiertrocken, kann man sie mit reichlich Allzweck- oder Papierkleber (transparent) auf den Glasfaserschirm aufkleben (Bild 54). Um den zarten Blüten ausreichende Festigkeit zu verleihen, werden die Schirmflächen nach dem Austrocknen des Klebers mehrfach dünn mit einem farblosen Lack übersprüht. Das versteift die Blüten und klebt sie zusätzlich vollflächig fest, hinterläßt aber auf der Glasfaser keine sichtbaren Spuren. Der Charakter wird durch diese Lackbehandlung nicht verändert.

Eine Vase wird zum Leuchtenfuß

Tischleuchten mit weißen Porzellanfüßen in Vasenform gehören zu den elegantesten und teuersten Lampenmodellen, die man bekommen kann. Schlichte Porzellanvasen hingegen gibt es schon sehr preiswert in Haushaltwarengeschäften oder in Kaufhalten verstauben auf den Regalen die wunderschönen Glasgefäße aus der Geschenkeboutique, die irgend jemand einmal als Pralinenglas oder Bonbonniere zum Geburtstag mitgebracht hat. Viele dieser Gläser haben einen Korken, der eigentlich

55

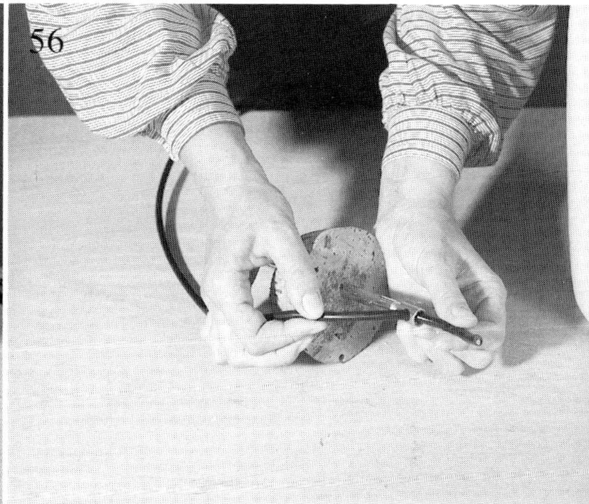

56

häusern. Folglich macht man einfach eine Vase zu einem Lampenfuß. Das ist wesentlich einfacher, als man sich das vorstellt, wenn man den Trick mit dem großen Korken anwendet.

Um eine Fassung für die Glühlampe so stabil anzubringen, daß sie auch einen Lampenschirm noch tragen kann, besorgt man sich einen möglichst genau in die Vasenöffnung passenden Korken, der zwei bis drei Zentimeter dick sein sollte. In vielen Hausin einer Tischleuchte viel nutzbringender wäre. Klappt diese Art der Beschaffung nicht, kann man es in Geschäften für Laborbedarf (Branchen-Fernsprechbuch) versuchen. Hier gibt es Korken in vielen Größen zu kaufen. Ein dritter Weg ist der Selbstbau des Korkens. Acht bis zehn Schichten dünner Korkplatten, wie sie für Deko-Zwecke in Heimwerkermärkten oder Farbengeschäften verkauft werden, reichen als Vasenkork durchaus. Man

schneidet die Form grob vor und klebt die Plättchen dann mit Kontaktkleber aufeinander. Mit einer Raspel, einer Feile und mit grobem Schleifpapier gibt man diesem Korken die leicht konische Form. Feines Schleifpapier dient dann zum Glätten.
Auf diese Weise läßt sich übrigens auch ein zu großer Korken aus einem Stück für den Hals der Vase passend machen. Genau in der Mitte wird der Korken nun mit einem niedriger Tourenzahl (1. Gang der Bohrmaschine, unbedingt die Schlagbohrvorrichtung abstellen) gelingt dieses Anbohren des Porzellankörpers. Vielleicht geht aber auch die Vase in Trümmer. Denn wenn man nicht sehr geschickt ist, übt man schnell zuviel Druck aus, und das Porzellan springt. Besser bohrt es sich mit einem Spezialbohrer für Glas, der während der Arbeit mit Terpentin gekühlt und geschmiert wird.

57

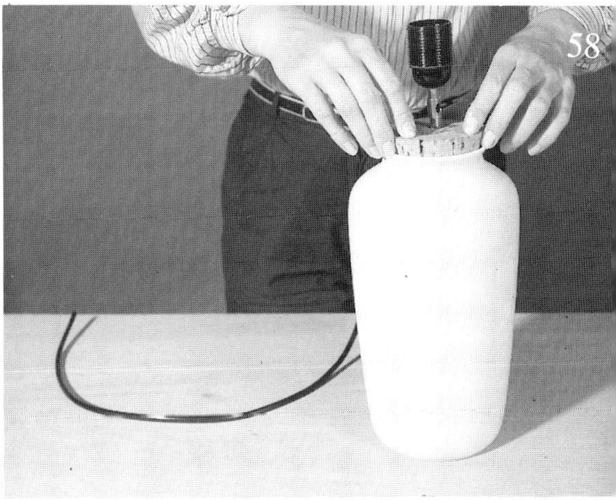
58

10-mm-Bohrer durchbohrt (Bild 55). Hier hinein steckt man ein 15 bis 20 cm langes Stück Pendelrohr, das es im Elektrofachgeschäft gibt. Auf das Gewinde am Pendelrohrende kann eine Fassung mit Klemmringen zur Schirmbefestigung aufgeschraubt werden.
Wer die Leuchte ganz perfekt bauen will, kann sich nun daranmachen, ein Loch für das Kabel in den Fuß der Vase zu bohren. Mit einem 8-mm-Widia-Bohrer und mit Wem das alles aber viel zu umständlich ist: Es gibt auch einen einfacheren Weg. Und den zeigen Bild 56 und 57. Als Zusatz zu dem Pendelrohr besorgt man sich eine kleine Gewindehülse mit zwei seitlichen Bohrungen, die so groß sind, daß die üblichen Lampenkabel hindurchgesteckt werden können. Diese Gewindehülse wird auf das Pendelrohr geschraubt. In die Hülse dreht man dann noch ein kurzes Gewinderohr ein – und darauf dann die Fassung.

Noch oberhalb des Korkens kann so das Kabel in das Rohr zur Fassung eingefädelt werden. Man braucht kein Loch in die Vase zu bohren, sondern läßt das Kabel auf der Rückseite der Vase einfach herunterhängen. Für die Verdrahtung innerhalb der Fassung, für das Einsetzen eines Kabelschalters und die Montage des Steckers beachten Sie bitte die Hinweise im Kapitel „Elektrische Installation“ (S. 74).
Der Korken mit der Fassung wird nun in den Vasenhals gepreßt (Bild 58). Hat man den Korken sauber beschliffen, hält er ohne Hilfsmittel ganz sicher.
Sollte der Korken wackelig sein, klebt man ihn besser in der Vase fest. Mit etwas Kontaktleim, auf die Korkenflanken und in den gut gesäuberten Hals der Vase gestrichen, gibt man der Fassung mit ihrem Korkträger festen Halt.

Ein Tip noch für den Fall, daß Ihnen die Bohrung im Korken etwas zu groß geraten ist und das Pendelrohr sich zu leicht dreht oder sogar wackelt: Anstelle des Pendelrohres kann man auch ein Stück Gewinderohr von 5 cm Länge (ebenfalls aus dem Elektrogeschäft) durch den Korken stekken und oben mit der Fassung oder der Gewindehülse verschrauben. Auf der Unterseite des Korkens wird dann eine große Unterlegscheibe (Karosseriescheibe) mit einer 10-mm-Bohrung über das Gewinderohr gesteckt und mit einer passenden Messingmutter fest verschraubt.

Lampenschirm aus Stoff

Dekostoffe, Kleiderstoffe und sogar dünnere Möbelbezugstoffe sind bestens geeignet, die Oberfläche eines Lampenschirms abzugeben. Kombinationen von Leuchte und Vorhang, von Tischleuchte und Tischdecke, ja sogar von Sesselbezug und Lampenschirm sind damit möglich.
Für die Verarbeitung von Stoff zu Lampenschirmen gibt es zwei grundsätzlich unterschiedliche Möglichkeiten. Wie man ein richtiges „Kleid" für einen Lampenschirm näht, wird in dem Kapitel „Lampenschirm mit Stoffbezug" ab Seite 65 beschrieben. Hier jetzt aber eine Anleitung, wie Schirme verschiedener Form mit glatt aufgezogenem Stoff verkleidet werden können.

60

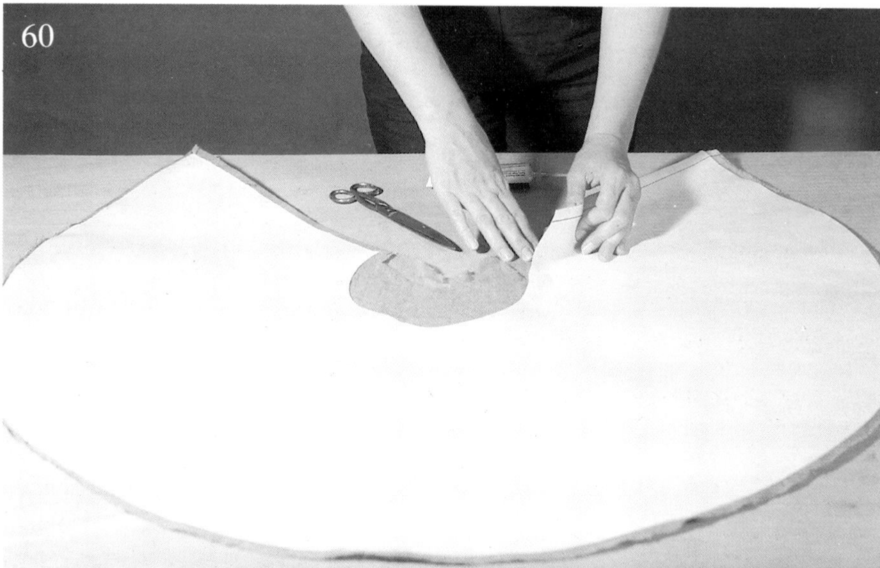

61

Aus dem Bastelgeschäft braucht man dazu ein Drahtgestell für Lampenschirme, das dem Ganzen die Form gibt. Hier kann man entweder das ganze Gestell kaufen oder zwei Ringe, die bei einem zylindrischen Schirm gleich groß, bei einem konisch zulaufenden Schirm (wie auf Bild 59) von verschiedener Größe sein müssen. Einer dieser Ringe muß mit der Halterungsmöglichkeit für die Klemmringe der Fassung ausgestattet sein. Bei Tischleuchten kann man diese Klemmvorrichtung oben oder unten einbauen, je nach Ausstattung der Fassung (siehe auch „Elektrische Installation" ab S. 74). Bei Hängeleuchten ist die Halterung immer oben anzuordnen, damit die Birne innerhalb des Schirms hängt und damit dieser auch nicht aus dem Gleichgewicht kommt. Zusätzlich muß man sich auch noch weißen Aufbügelkarton besorgen. In Bastelläden wird er als Zubehör zum Lampenschirmbau angeboten, oder man bekommt ihn in Dekoartikelgeschäften.

Dieser Aufbügelkarton hat die Aufgabe, den Stoff so zu verstärken, daß der Lampenschirm in sich steif und tragfähig wird. Gleichzeitig verhindert er Falten im Stoff, denn das Gewebe wird vor dem Zusammenbau des Schirms glatt auf diesen Bügelkarton aufgezogen und kann sich dann nicht mehr verschieben.

Für zylindrische Lampenschirme braucht man gerade Streifen als Bezüge. Beim Bau des Korkschirms (S. 15) oder des Jeansschirms (S. 25) finden Sie Hinweise für die Abmessungen im Verhältnis zur Größe des Drahtgestells.

Ganz anders sieht es aus, wenn man einen konischen Schirm bauen will. Hier wird als Grundform der Kreis gebraucht.

Um komplizierte Berechnungen zu vermeiden, nimmt man einfach einen großen Zeichenkarton (oder Zeitungspapier in doppelter Lage) und formt daraus einen Kegel. Diesen kann man nun so lange verschieben, bis er die gewünschte Form erreicht hat. Anhand der beiden Drahtringe – für unten ein großer, für oben ein kleiner – kann man dann die Größe kontrollieren. Passen die Drahtringe weit genug hinein, sichert man die provisorisch geformte „Tüte" mit Klebefilm, legt den unteren Ring ein und markiert dessen Umrisse mit einem Filzstift auf dem Karton. Um den oberen Ausschnitt muß man sich jetzt noch nicht kümmern, wohl aber um die Längsnaht, an der die Kartonbahnen überlappen. Hier wird ebenfalls eine Markierung als Anhaltspunkt angebracht.

Nach dem Auseinanderrollen der provisorischen Form erkennt man an den Linien, welchen Umfang der Kreis haben muß, nach dem der Lampenschirm zugeschnitten werden soll. Den Radius mißt man aus und gibt noch 5 cm zu.

Auf dem Aufbügelkarton wird dann ein Kreisbogen mit dem so ermittelten Radius aufgezeichnet, und zwar folgendermaßen: Man sticht zunächst eine Nadel zur Markierung des Kreismittelpunktes in Karton und Unterlage ein. Dann bindet man einen Bleistift an eine Schnur und knotet diese so um die Nadel, daß die Schnurlänge dem gewünschten Radius entspricht. Nun kann man mit dem Bleistift bei gleichmäßig gespannter Schnur einen sauberen Kreis um die Nadel herumziehen.

Um denselben Mittelpunkt zieht man noch einen zweiten Kreis mit 7 cm Radius. Ebenfalls markiert wird die Größe des Kreisausschnittes, denn für Kegelformen braucht man nie die volle Kreisbahn. Beim Festlegen dieses Ausschnittes durch zwei Verbindungslinien zwischen Bogen und Mittelpunkt gibt man 5 cm als Überlappung für die Naht zu. Die so aufgezeichnete Form wird jetzt aus dem Aufbügelkarton ausgeschnitten.

Zur Kontrolle des Zuschnitts und zur Begutachtung der gewählten Form biegt man den Karton jetzt noch einmal zum Kegel zusammen. Wenn Ihnen der Ausschnitt an der Spitze zu eng ist oder Sie einen stumpferen Kegel möchten, wird in der Mitte mit einem größeren Radius nachgeschnitten.

Jetzt sollte der Karton seine endgültige Form haben, so daß man den Stoff nach diesem Muster grob, das heißt mit reichlich Zugabe, zuschneiden kann (Bild 60). Die Stoffbahn wird auf die mit Schmelzkleber beschichtete Seite des Kartons (sie fühlt sich rauh an, die unbeschichtete Seite glatt) gelegt und mit der Hand faltenfrei gemacht. Große Knickfalten, die sich nicht wegstreichen lassen, sollte man vorher auf dem Bügelbrett beseitigen. Das Bügeleisen kann man dann gleich eingeschaltet lassen. Mit einer Temperatur, die dem Material des Stoffes entspricht, bügelt man dann das Gewebe auf den Karton auf (Bild 61).

Dabei wird das Bügeleisen von der Mitte aus zu beiden Seiten hingeführt. Die andere Hand zieht dabei vorsichtig den Stoff glatt, ohne ihn jedoch zu stark zu zerren. Wichtig ist bei dieser Arbeit, daß der Stoff ohne Beulen überall glatt auf dem Karton liegt. Sollte das an einer Stelle nicht gelungen sein, muß man die Stoffbahn hier vorsichtig nachbügeln, manchmal sogar ein Stück mit dem Bügeleisen erwärmen und wieder abziehen.

War zunächst die Stoffbahn nur grob, also mit reichlich Zugabe zur Form des Kartons, zugeschnitten, geht es jetzt an das sorgfältige Beschneiden der Ränder. Exakt 1 cm neben der Kante des Kartons wird der Stoff rundherum glatt und sauber abgetrennt

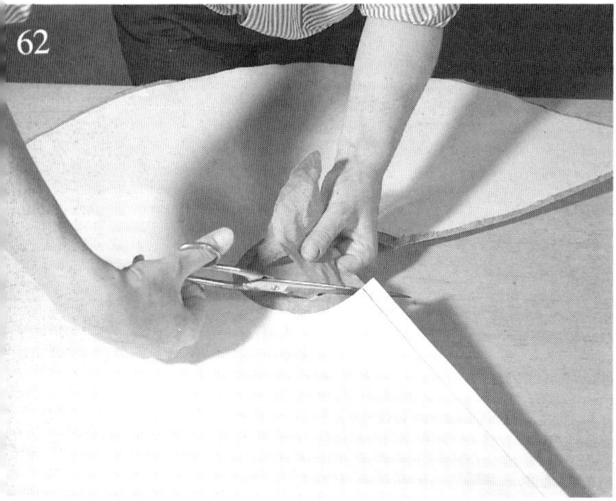
62

63

(Bild 62). Direkt an der Kartonkante schneidet man nur bei einer Kante des Ausschnittes, die dann beim Überlappen innen liegt.
Eine der geraden Stoffkanten wird nun um den Kartonrand herumgelegt und mit Kleber fixiert. Dazu trägt man transparenten Alleskleber vorsichtig auf den Stoffrand auf, knickt den Randstreifen um und drückt ihn mit dem Finger glatt an (Bild 63). Das gilt zunächst nur für die Kante des Ausschnittes, denn rings um den oberen und unteren Rand des Schirms wird die Kante erst nach dem Verkleben der Überlappung verklebt – so wie hier beschrieben.
Auf der ebenen Arbeitsplatte formt man Stoff und Karton zum Lampenschirm (Bild 64). Dort, wo die Enden der Bahn überlappen, fixiert man die Verbindungsstelle mit einem dünn aufgetragenen Strang Alleskleber. Wäscheklammern, oben und unten aufgesteckt, halten diese Verbindung bis zum Austrocknen des Klebers.
Die Drahtringe, die dem Lampenschirm die endgültige runde Form geben, werden nun eingesetzt und überall auf gleichen Abstand zum unteren Rand ausgerichtet. Auch diese Ringe verklebt man. Wer nicht so lange warten will, bis der Alleskleber ausgehärtet ist, kann für diese Arbeit die Schmelzkleberpistole (Bild 65) benutzen. Ein Strang geschmolzenen Klebers wird in die Fuge zwischen Draht und Karton gedrückt und verklebt diese Teile innerhalb weniger Sekunden.
Die gezeigte Anordnung des Ringes nicht direkt an der Unterkante des Schirms macht es möglich, einen Schirm nach eigenen Größenvorstellungen zu bauen. Will man sich an die durch die Ringdurchmesser vorgegebenen Größen halten, wird der

64

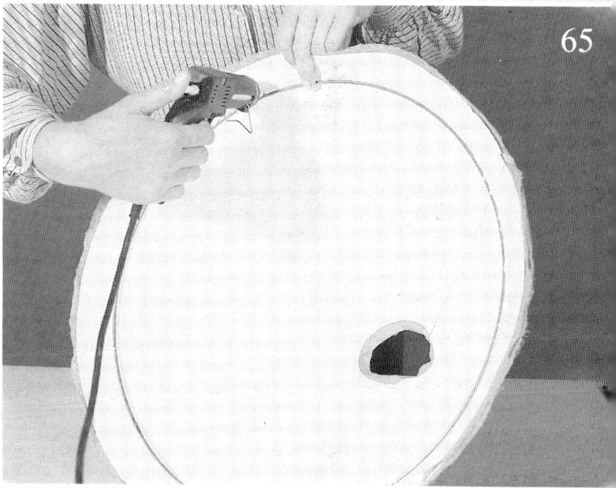
65

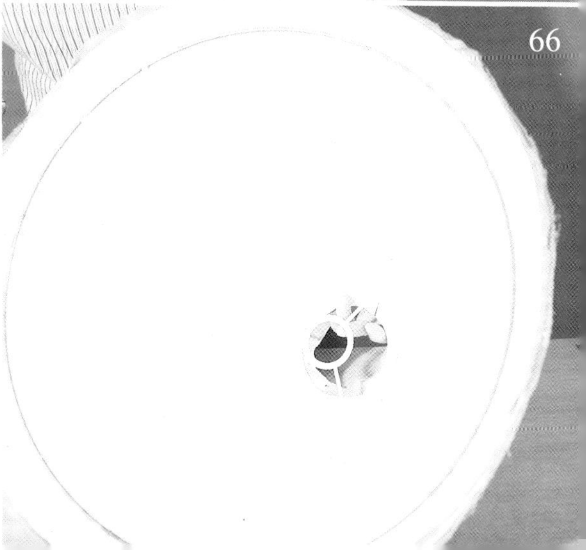
66

Ring direkt an der Unterkante des Kegels eingesetzt, mit Kleber fixiert und dann mit dem Stoff des Randes umklebt. Den oberen Ring, der hier mit dem Halter für die Fassung ausgestattet ist (Bild 66), klebt man genauso fest.

Danach werden die oberen und unteren Stoffränder um die Kartonkanten geklebt (Bild 67). Sorgfältig arbeiten muß man dabei vor allem an den Überlappungen oben und unten. Danach ist der Schirm fertig zur Montage auf einer Leuchte, zum Beispiel auf dem im nachfolgenden Kapitel beschriebenen Spiegelfuß oder auch mit einer eingeschraubten Fassung als Hängelampe über einem Tisch.

67

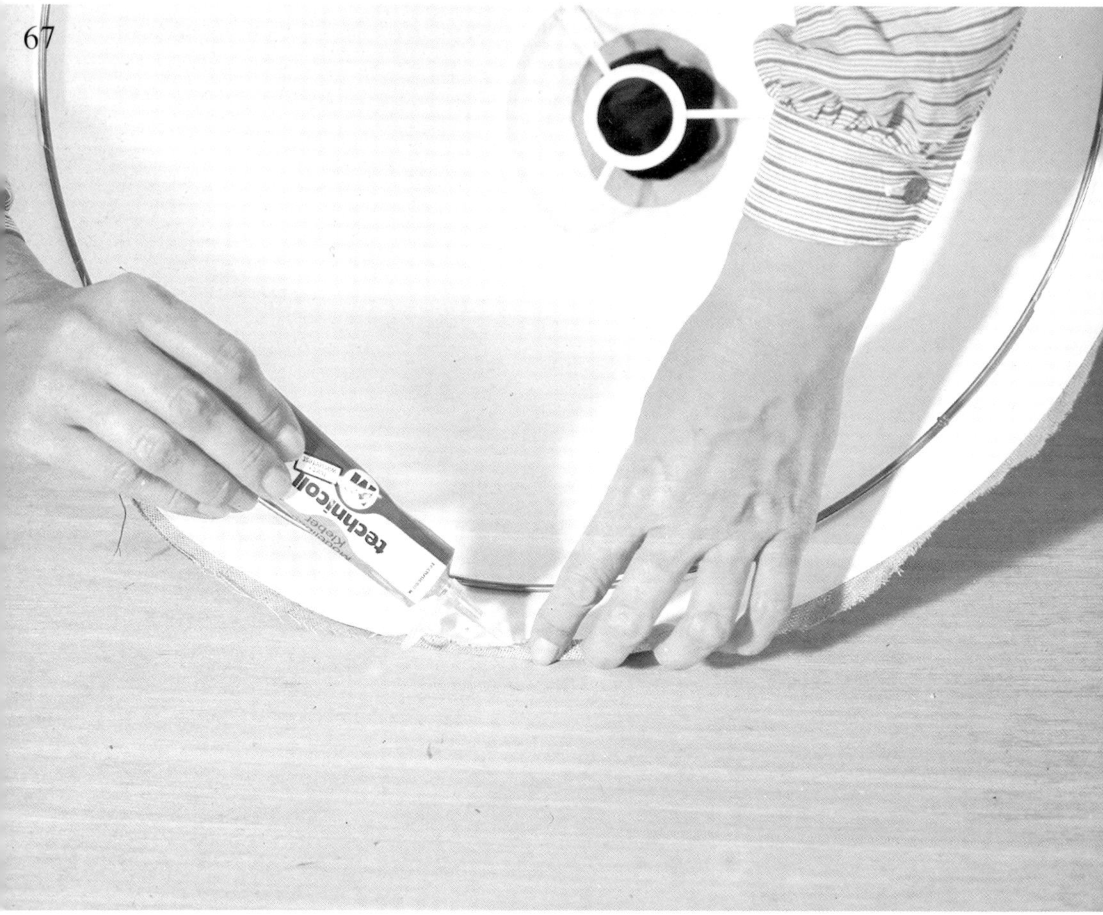

Leuchtenfuß mit Spiegelverkleidung

Vier Spiegelflächen, von Rahmen aus hellen Leisten eingefaßt, sind das ungewöhnliche Material des auf Bild 59 gezeigten Leuchtenfußes.
Diese Spiegel, die den Fuß sehr edel wirken lassen, haben einen ganz entscheidenden Vorteil: Anpassungsprobleme an die vorhandene Einrichtung gibt es mit dieser Leuchte höchstens bei der Auswahl des Schirms, denn der Fuß spiegelt ja immer den Bereich des Zimmers, in dem er steht, wider.
Weil Spiegel allein schlecht zusammenzubauen wären, hat der Spiegelfuß ein Grundgestell aus Spanplatten bekommen. 15 × 15 cm ist die Grundfläche, 30 cm die Höhe des Rohlings. Bei 16 mm dicker Spanplatte braucht man also folgende Teile, die man sich am besten im Heimwerkermarkt gleich zuschneiden läßt: zwei Seitenteile 15 × 30 cm, zwei Seitenteile 11,8 × 30 cm und zwei Deckel von 11,8 × 11,8 cm. Mit Weißleim und Nägeln wird dieser Grundkasten zusammengebaut (Bild 68, siehe auch Bau der Stehleuchte mit Leistengitter, S. 57).
Für die Beschichtung der Seitenteile braucht man jetzt vier Spiegel von jeweils 15 × 30 cm. Eine seitliche Überlappung der Flächen muß nicht mit eingerechnet werden, denn alle Kanten werden ja mit Eckleisten verkleidet, schon um die scharfkantigen Spiegelränder zu verdecken.
Die Spiegel kann man sich beim Glaser fertig zugeschnitten bestellen. Oder man schneidet sie sich selbst zu, denn Spiegel lassen sich genauso schnell und einfach schneiden (besser: brechen) wie Glas. Und das geht so:
Zu Beginn wird gemessen. Mit einem Fettstift oder einem Filzstift wird die Schnittli-

68

nie auf dem Spiegelglas angezeichnet. Auf einer festen, ebenen Arbeitsfläche wird der Spiegel dann so hingelegt, daß er nirgendwo hohl liegt. Ein Metall-Lineal, notfalls tut auch eine ganz gerade Leiste diesen Dienst, wird mit der einen Hand fest neben die Schnittlinie gedrückt. Die andere Hand führt den Glasschneider mit dem kleinen Hartmetallrad (Bild 69). Von einem Ende bis zum anderen wird nun, den Glasschneider immer senkrecht gehalten, die Oberflä-

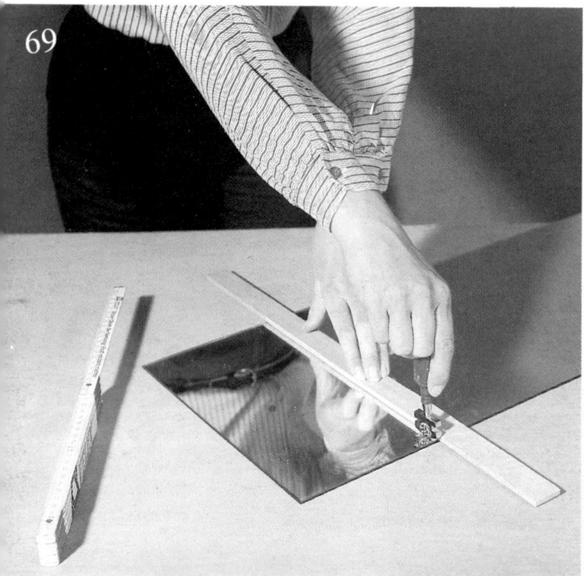

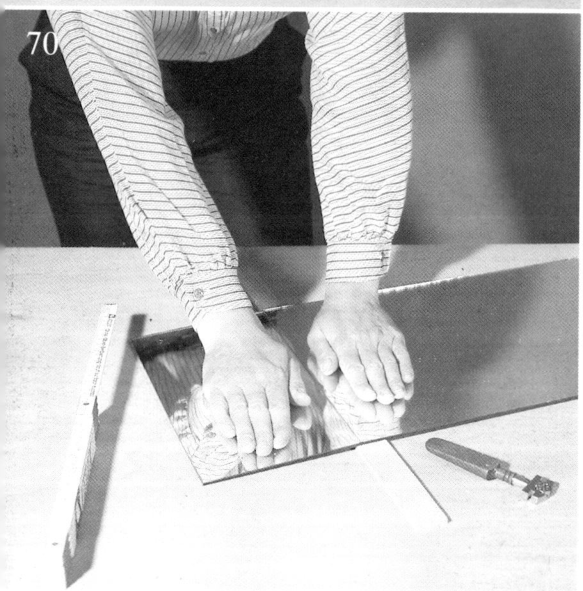

che des Glases angeritzt. Mit gleichmäßigem Druck und ohne abzusetzen erreicht man das beste Ergebnis. Ein knirschendes Geräusch, das während des ganzen Schnittes nicht unterbrochen ist, signalisiert den sauberen Schnitt. Auch optisch kann man ihn kontrollieren: Die weißliche Linie, an der das Hartmetallrad des Glasschneiders die Spiegeloberfläche verletzt hat, sollte ohne Unterbrechung von einer Seite bis zur anderen führen.

Genau an dieser Ritzlinie soll der Spiegel nun gebrochen werden. Dazu legt man ihn auf eine Holzleiste, und zwar so, daß die Linie genau über einer Kante sitzt. Mit kräftigem Druck *beider* Handflächen links und rechts neben der Schnittlinie läßt man das Glas zerspringen (Bild 70).

Wer in seiner Werkstatt einen Schleifstein hat, kann damit die scharfen Bruchkanten des Spiegelglases etwas entschärfen, damit man bei der weiteren Verarbeitung nicht so sehr vorsichtig sein muß.

Für das Aufkleben der Spiegel auf den Fuß aus Spanplatten ist die Schmelzkleberpistole am besten geeignet. Direkt an den Rändern trägt man jeweils einen durchgehenden dünnen Strang Schmelzkleber auf und drückt die Spiegelscheibe möglichst schnell in das Kleberbett (Bilder 71 und 72).

Dieses Verkleben nur am Rand ist eine Vorsichtsmaßnahme. Denn durch den heißen Kleber könnte die Rückenbeschichtung des Spiegelglases beschädigt werden. „Blinde" Stellen im Spiegel wären die Folge. Aus demselben Grund sollte man auch nie für dieses Verkleben einen Lösungsmittelkleber benutzen.

Falls keine Schmelzkleberpistole zur Hand ist, sollte man die im Haushalt vorhande-

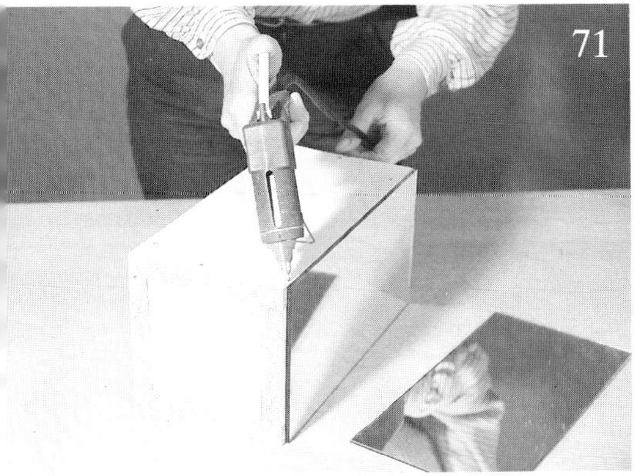

71

72

nen Kleber erst einmal auf einem Rest Spiegelglas auf schädliche Wirkung testen. Aber auch dann den Kleber nur direkt am Rand, höchstens in der Breite der vorgesehenen Deckleisten, auftragen.
Alle vier Seiten des Spiegelfußes werden nacheinander so beklebt. Die Deckfläche des Fußes ist hier, passend zum Material der Eckleisten, mit einem Stück Kiefernholzfurnier beschichtet. Dieses dünne Holz mit seiner Schmelzkleberbeschichtung kann einfach mit dem Bügeleisen aufgebügelt werden (Bild 73).
Beim nächsten Schritt werden dann die Kanten mit Eckleisten verkleidet, hier mit Kiefernleisten von 15 mm Schenkellänge. Für die obere und untere Umrandung wird jeweils ein Rahmen aus vier auf Gehrung geschnittenen Leisten gebaut. Die senkrechten Kanten verkleidet man mit rechtwinklig zugeschnittenen Stücken, die genau zwischen die beiden Rahmen passen.
Zugeschnitten werden diese Leisten mit einer Feinsäge in der Gehrungslade, die mit Führungsschlitzen für Sägeschnitte im 45-Grad-Winkel ausgestattet ist (Bild 74).

Das Maß für diese Leisten richtet sich nach dem Seitenmaß (15 cm Seitenlänge plus zweifache Spiegeldicke). Es wird im Falz der Leiste angezeichnet, nicht am äußeren oder inneren Rand!
Alle Schnittflächen müssen nun mit feinem Schmirgelpapier geglättet und von ausgerissenen Fasern befreit werden. Danach legt man sie auf dem Leuchtenfuß so aus,

73

74

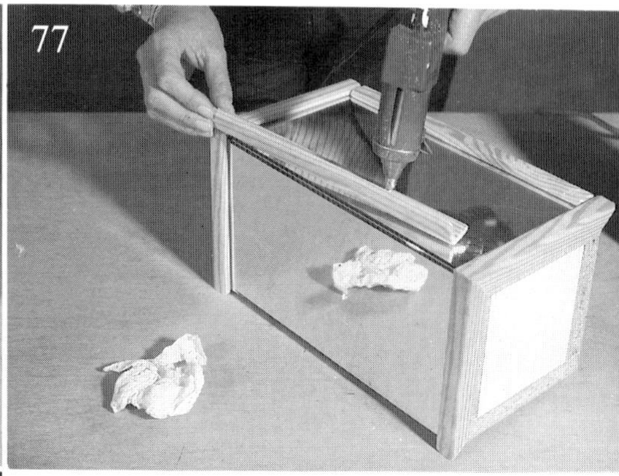
77

75

76

wie sie auch montiert werden können. Sollte die eine oder andere Eckverbindung nicht ganz sauber aussehen, weil noch Lükken klaffen, kann man mit etwas Nachschleifen (Schleifpapier um einen Klotz legen) noch nachhelfen. Schlimmstenfalls muß noch eine Leiste neu gesägt werden. Die Schmelzkleberpistole kann auch hier wieder eingesetzt werden, denn der heiße Kleber haftet auf Holz ebenso wie auf Glas. Ein Kleberstrang wird aufgetragen (Bild 75), die erste Leiste ganz schnell aufgeklebt. Damit sie auch in die richtige Position kommt, hält man die zweite Leiste schon daneben (Bild 76). So läßt sich der seitliche Überstand ebenso kontrollieren wie die Gehrung der Eckverbindung. Oben und unten leimt man beide Rahmen auf. Genau nach dem lichten Maß zwischen den beiden Leistenrahmen schneidet man nun die Leisten für die Verkleidung der senkrechten Kanten zu. Dazu nimmt man am besten wieder die Gehrungslade, denn sie ist auch für exakte 90-Grad-Schnitte gut zu gebrauchen.

Die Innenseiten dieser Deckleisten beschichtet man wiederum mit Schmelzkleber und drückt sie auf das Glas auf (Bild 77). Sollten dabei Klebereste auf dem Glas zu sehen sein, kann man sie nach dem Erkalten mit einer scharfen Klinge abschneiden und abschaben.

Bis auf die Fassung ist der Fuß nun fertig. Genau im Mittelpunkt des Deckels, also im Schnittpunkt der Diagonalen, wird beim oberen und beim unteren Deckel eine Markierung angezeichnet (Bild 78).

Mit dem 10-mm-Bohrer wird das Fußgehäuse hier für die Kabelzuleitung durchbohrt (Bild 79).

In eine der Rahmenleisten des unteren Deckels schneidet man mit der Feinsäge einen Schlitz in Kabelbreite ein, damit die Leuchte später nicht schief steht.

78

79

Direkt über dem oberen Loch wird ein Schraubnippel mit Flansch, Zubehör aus dem Elektrogeschäft, aufgeschraubt (Bild 80). Die Fassung, hier eine Kunststoffassung mit Außengewinde für die Klemmringe zur Lampenschirmmontage, läßt sich auf diesen Schraubnippel aufdrehen und arretieren (Bild 81).
Das sollte man allerdings erst machen, wenn das Kabel eingezogen ist. Um sich mühevolles Herumstochern in der Tiefe des Gehäuses zu ersparen, steckt man zunächst einen steifen Draht durch, befestigt daran das Kabel mit einem Streifen Klebeband und zieht es dann ganz durch.
Hinweise zur Verdrahtung von Fassung, Stecker und Kabelschalter finden Sie im Kapitel „Elektrische Installation“ ab Seite 74.

80

81

Stehleuchte mit Leistengitter

Das ganz besondere Aussehen bekommt diese Stehleuchte – hier mit einem konischen Schirm mit heller Stoffbespannung ausgerüstet – durch die Konstruktion (Bild 83). Das bestimmende Element ist ein Leistengitter, mit dem alle vier Seiten des Fußes verkleidet sind. Durch die Kombination von hellem Kiefernholzgitter mit einem roten Untergrund erhält die Lampe einen unverwechselbaren Charakter. Der Selbstbau macht natürlich beliebige andere Farbvarianten möglich. Mit einem blauen oder schwarzen Hintergrund sieht der Stehleuchtenfuß schon ganz anders aus. Und auch als „Negativ" läßt sich die Farbkombination denken: Auf einem weißen Hintergrund sehen rot lackierte oder schwarz gebeizte Leistengitter bestimmt sehr gut aus.
Verwendet wurde für diesen Bauvorschlag ein Leistengitter, das unter dem Namen „Lattice" in vielen Holzhandlungen, Bau- und Heimwerkermärkten als Fertigprodukt angeboten wird. Aus 30 oder 40 mm

82

83

breiten und 3 bis 5 mm dünnen Leisten läßt sich dieses Gitter natürlich auch selbst zusammenleimen. Es dauert dann eben nur ein wenig länger.
Das Material für die Grundkonstruktion des Leuchtenfußes ist hier weiß beschichtete Spanplatte. Im Bau- und Heimwerkermarkt läßt man sich die Stücke nach Maß zuschneiden.
Der hier gezeigte Fuß hat eine Grundfläche von 25 × 25 cm und eine Höhe von 50 cm. Bei 21 mm dicker beschichteter Spanplatte braucht man also zwei Seiten von 25 × 50 cm, zwei Seiten von 20,8 × 50 cm und einen Deckel von 20,8 × 20,8 cm.
Ein Boden ist nicht erforderlich, kann aber auch genau in der Größe des Deckels zugeschnitten werden.
Beschichtete Spanplatte ist zwar etwas teurer als rohe Spanplatte, aber wesentlich glatter. Wenn man also wie hier eine Folie aufziehen will, erhält man auf dem Kunststoff glattere Flächen.
Zusammengebaut wird der Leuchtenfuß, dessen Abmessungen natürlich nach eigenem Geschmack verändert werden können, einfach mit Weißleim und Nägeln (Bild 82). Ein dicker Strang Leim wird auf die Schnittkante der Platten aufgetragen, die nächste Platte im rechten Winkel daraufgesetzt und mit Drahtstiften festgenagelt. Wichtig dabei ist, daß die Kanten ganz exakt abschließen, damit man später keine Vorsprünge in der Oberfläche sehen kann.
Der Deckel wird ebenfalls eingeleimt und vernagelt, wenn alle vier Seiten miteinander verbunden sind. Er wird oben eingeschoben und so ausgerichtet, daß er glatt mit den Seitenteilen abschließt. Zum Vernageln dreht man das Ganze einfach auf den Kopf und stellt es auf eine Arbeitsplatte. Dann ist der bündige Abschluß garantiert.
Alle scharfen Kanten werden nun noch mit feinem Sandpapier, das man am besten um einen Korkklotz oder um einen Lattenrest wickelt, geglättet.
Auf dem Leistengitter werden nun die Zu-

84

85

schnitte für die Seitenteile mit Bleistift markiert (Bild 84). Beim Anzeichnen dieser Maße nach dem aufgelegten Leuchtenfuß muß berücksichtigt werden, daß die Seiten an den Ecken überlappen sollen. Man macht sie deshalb jeweils um die Stärke des Lattengitters breiter.

Vor dem Durchtrennen der Leisten mit einer Feinsäge oder einem feingezahnten Fuchsschwanz sollte man die Einzelteile mit dünnen Bleistiftziffern von 1 bis 4 markieren. So kann man den Leuchtenfuß regelrecht „abwickeln". Das bedeutet, daß die Leisten auf der jeweils angrenzenden Fläche genau so weiterlaufen wie auf der vorhergehenden. Das sieht wesentlich besser aus, als wenn alle Leisten im Leeren endeten.

Vor der Montage dieser Lattice-Ziergitter muß der Leuchtenkörper nun mit der gewünschten Grundfarbe versehen werden. Selbstklebende Folie gibt es in vielen Farben, matt oder auch hochglänzend als Lackfolie. Das blasenfreie Aufziehen ist schnell erledigt: Vom Schutzpapier auf der Rückseite der Folie wird zunächst nur ein kleines Stück abgezogen und nach hinten weggeknickt. Über dem Fuß richtet man die Folie aus und streicht sie mit der Handfläche auf (Bild 85). Nach und nach wird das ganze Schutzpapier abgezogen und die Folie, die man schräg hochhält, Stück für Stück aufgerieben. An den Seiten schneidet man die Folie dann mit einem Universalmesser so zu, daß sie gerade 5 mm auf die angrenzende Fläche geklebt werden kann. Das ist aber nur bei zwei gegenüberliegenden Seiten erforderlich. Die letzten beiden werden genau nach dem Seitenmaß zugeschnitten, denn die Kanten sind dann ja schon beschichtet. Auch der Deckel des Spanplattenkastens wird mit Folie kaschiert.

Wer nicht mit Folie arbeiten will oder die Flächen weiß lassen möchte, muß vor dem Zusammenleimen des Kastens die später sichtbaren Schnittflächen, vier insgesamt,

mit weißem Kantenmaterial beschichten. Diese Kanten gibt es zum Aufbügeln mit dem Haushaltsbügeleisen. Die Ränder werden mit dem Universalmesser beschnitten, denn die Bügelkanten sind immer etwas größer, als das Holzformat erforderte. Die glatten Flächen des Leuchtenfußes kann man natürlich auch lackieren. Alle fehlerhaften Stellen in der Oberfläche, so auch die Nagellöcher, werden mit Feinspachtel verschlossen, glatt abgezogen und nachgeschliffen.
Mit zwei Schichten Lack (Zwischenschliff nach dem ersten Anstrich nicht vergessen!) wird die Fläche deckend lackiert.

Über dieser Folien- oder Farbschicht befestigt man nun die Leistengitter. Dazu nimmt man am besten kleine Messingnägel (ca. 10 mm lang), deren gelbe Köpfe auf dem Kiefernholz gar nicht auffallen. Genagelt wird natürlich immer nur durch die unteren Leisten.
Sehr gut ist bei diesem Arbeitsgang (Bild 86) zu sehen, wie die „Abwicklung" funktioniert: Die Gitter der beiden aneinandergrenzenden Flächen sind genauso zusammengefügt, wie sie vor dem Zusägen in der Platte gelegen haben. Die Leisten scheinen jeweils auf den angrenzenden Flächen fortgeführt zu sein.
Hat man beim Zuschneiden sehr sauber gearbeitet, reicht es aus, die Leistenenden der aufgenagelten Gitter nur noch einmal mit Schleifpapier zu glätten (Bild 87).
Sehen die Schnittkanten aber nicht allzu ordentlich aus, weil die Säge große Fasern ausgerissen hat, nimmt man eine Winkelleiste als Eckleiste. Diese Winkelleisten gibt es mit verschiedenen Schenkellängen in Holzhandlungen oder in Heimwerkermärkten. Sie werden mit der Feinsäge genau nach Länge zugeschnitten und auf die Kanten geleimt (Bild 88).
Will man umlaufende Deckleistenrahmen, die nicht nur die Seiten kaschieren, sondern auch noch oben und unten die Deckelflächen einrahmen, müssen die Deckleisten auf Gehrung geschnitten werden. Eine genaue Anleitung dazu ist beim Bau der Spiegelleuchte (ab Seite 49) beschrieben.
Die Montage der Fassung macht keine Probleme. Genau im Mittelpunkt des Deckels (Schnittpunkt der Diagonalen) wird ein 10-mm-Loch gebohrt. Darüber befe-

stigt man dann mit kleinen Schrauben einen Gewindenippel mit Schraubflansch. Die Schraublöcher werden mit dem Vorstecher vorgebohrt.
Nach dem Durchziehen des Kabels, das unten durch eine Bohrung in den Fuß geführt wird, kann dann das Unterteil der Fassung auf das Gewinde des Nippels aufgedreht und mit der Arretierungsschraube gesichert werden (siehe auch Kapitel „Elektrische Installation" ab Seite 74).
Der Lampenschirm wird mit zwei Klemmringen auf der Fassung befestigt.

Span-Lampenschirm aus Furnierstreifen

Schmale Streifen aus hellem Kiefernholz im Wechsel mit dunklen Streifen Mahagoni – das ist ein Lampenschirm so recht nach dem Geschmack des Holzliebhabers. Die auf Bild 89 gezeigte Spanleuchte ist natürlich nicht aus einfachen Spänen aufgebaut, sondern aus dem wesentlich leichter zu beschaffenden Material Furnier. In den Holzhandlungen oder Heimwerkermärkten werden Furnierstreifen in verschiedenen Holzarten und Größen angeboten. Aussuchen sollten Sie möglichst solche, deren Rückseite nicht mit Schmelzkleber beschichtet ist. Denn was sonst den Vorteil einer leichten Verarbeitung bietet, wäre hier nur störend: Durch die Hitze einer Glühlampe könnte sich der Schmelzkleber verflüssigen.

Eine kleine Warnung gleich zu Beginn: Holz ist ein natürliches Material; selbst wenn es zu dünnem Furnier aufgeschnitten worden ist, kann es noch in jedem Stück unterschiedliche Spannungen geben. Das schlägt sich in der Form des Schirms nieder. Sehr attraktiv wird er, aber nie so exakt rund und symmetrisch wie ein Plastikeimer. Das kann jedoch nur Perfektionisten, nicht aber Holzliebhaber abschrecken.

Wie sehr das Holz noch unter Spannung steht, kann man beim Zuschneiden der einzelnen Streifen, aus denen der Lampenschirm aufgebaut wird, gut beobachten. Wenn man mit dem Universalmesser (am besten einem Cutter-Messer mit Abbrechklinge) das Furnier schneidet, wölbt sich der Streifen sofort, wie auf Bild 90 deutlich zu erkennen ist.

Als Führung für die Messerklinge nimmt man am besten ein Metallineal. Die Länge der Streifen richtet sich nach dem Umfang der Leuchte, kann also nach eigenem Geschmack gewählt werden. Die Breite der Streifen ist ebenfalls von der Größe des Lampenschirms abhängig. Bei großen Durchmessern (über 50 cm) kann man Streifen von 3 bis 4 cm Breite schneiden, bei kleineren Durchmessern macht man die Streifen schmaler, um die Rundungen ohne große Lücken ausformen zu können.

Ein besonders langer Furnierstreifen wird vorbereitet, der als Umfassung des Schirms am unteren Rand dienen soll.

Zum Umfang, den man sich auswählt, muß man hier noch 10 cm für eine genügend große Überlappung an der Stoßstelle vorsehen.

Weiter braucht man: Weißleim in der Spritzflasche, am besten schnellhärtenden Expreßleim, damit man einigermaßen zügig arbeiten kann. Auch Wäscheklammern in ausreichender Menge gehören auf den Werktisch, denn bei so vielen schmalen Streifen kann man nicht jede Leimstelle mit einer Zwinge fixieren.

Für das Ankleben des ersten Streifens markiert man zwei genau gegenüberliegende Punkte an dem Umfassungsstreifen und setzt danach den Streifen ein. Je ein Tropfen Weißleim wird auf die Enden des Furnierstreifens gegeben – und dann fügt man ihn ein. Die Enden dieses ersten Streifens sollen nicht mit der Unterkante des Randes abschließen, sondern um 1 cm nach oben verschoben werden. Das ist nötig, weil je-

90

91
Ponal
express

92

der weitere Streifen nun von innen eingesetzt wird. Jeweils um die Dicke des Furnierstreifens verschieben sich dadurch die Enden aller weiteren Streifen nach unten. Wichtig ist, daß die Streifen im unteren Bereich des Lampenschirms noch gerade überlappen, so daß keine Lücken entstehen. Oben, am Kreuzungspunkt, liegen sie jeweils genau übereinander. Wie die Leimstellen mit Wäscheklammern gepreßt werden, zeigt das Bild 91.

diese Bohrung (Bild 92). Von oben wird ein Klemmnippel über das Kabel geschoben und durch das Loch in das Gewinde der Fassung gedreht. Dieser Klemmnippel ist mit einer dicken Kunststoff-Schraube versehen, die man vorsichtig anziehen muß (Bild 93). So wird der Isoliermantel des Kabels in dem Nippel festgeklemmt. Die Last der Leuchte zieht dann nicht mehr an den Kontaktschrauben, mit denen die einzelnen Adern in der Fassung befestigt sind.

93

Die Fassung, aus Kunststoff oder aus Messing, wird bei diesem Schirm ohne Klemmringe eingesetzt. Genau im Kreuzungspunkt aller Bahnen durchbohrt man alle Furnierlagen gemeinsam mit einem 10-mm-Bohrer. Das geht am besten, wenn man den Schirm mit der Öffnung nach oben auf ein Stück Abfallholz legt.
Von unten steckt man nun die schon mit einem Kabel versehene Fassung (siehe auch „Elektrische Installation", S. 75) durch

Eine solche Zugentlastung ist für Hängeleuchten vorgeschrieben, damit sich nicht der Leuchtenkörper lösen kann und eventuell stromführende Adern frei im Raum hängen.
Auch bei der Deckenbefestigung muß eine Zugentlastung eingebaut werden. Um den Deckenhaken und die Lüsterklemme zu verdecken, wird zunächst ein Baldachin, eine Abdeckkappe aus Kunststoff oder Messing, über das Kabel geschoben.

94

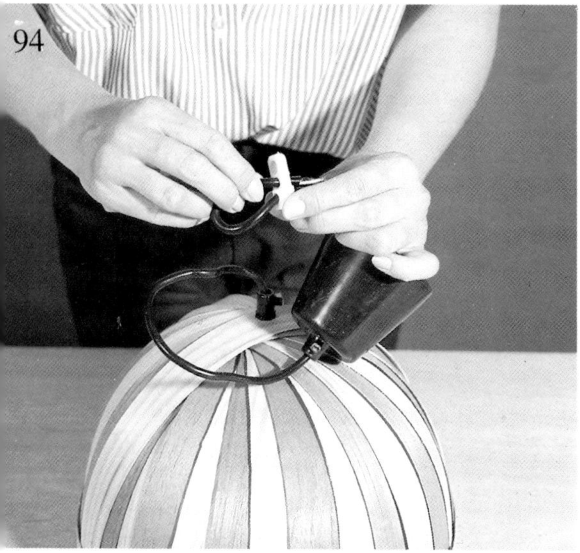

Diesen Baldachin bekommt man ebenfalls im Elektrogeschäft. Er hält sich entweder mit Klemmfedern oder auch mit einer Kabel-Quetsch-Schraube fest. Eine Zugentlastung ist hier ein mit drei Bohrungen versehenes Plättchen aus festem Isolierstoff. Durch zwei dieser Löcher wird das Kabel geflochten (Bild 94). Damit ist einmal der Längenausgleich des Kabels möglich, zweitens sitzt das Kabel zugfest in dieser Platte, die dann mit dem dritten Loch über den eingedübelten Deckenhaken gehängt wird. Bei der Bestückung dieser Leuchte sollte man die Nähe der Glühbirne zu den dünnen Holzspänen berücksichtigen. Wenn der Abstand zwischen Lampe und Holz gering ist, sollten nur Birnen von 25 oder 40 Watt Stärke eingedreht werden, um eine zu große Hitzeabstrahlung zu vermeiden.

Lampenschirm mit Stoffbezug

Wie eine große Blüte mit acht Blütenblättern (oder, weniger poetisch, wie ein kleiner Sonnenschirm) wirkt diese Hängeleuchte, die mit Stoff bezogen ist (Bild 97). Diese Schirmform zeichnet sich durch viele Rundungen und Wölbungen aus, die ein steifer Karton als Bespannung einfach nicht mitmacht. Deshalb wird für ihn ein regelrechtes „Kleid" nach Maß genäht. Wer mit der Nähmaschine gut umgehen kann, wird beim Nachbau keine Schwierigkeiten bekommen. Ein solcher Schirm, der über einem fertig gekauften Drahtgestell aus dem Bastel- oder Lampengeschäft aufgebaut ist, läßt sich natürlich auch für Steh- oder Tischleuchten verwenden.

16 verschiedene Felder hat das benötigte Drahtgestell, das mit Kunststoff beschichtet ist; jeweils acht große Segmente und acht angehängte kleine Kreisausschnitte nur zur Dekoration (Bild 95). Mit einer einzigen Stoffbahn ließe sich diese komplizierte Form nie faltenfrei „bekleiden".
Also muß man den Stoff in einzelne Zuschnitte zerteilen. Auf einem Stück Papier werden diese Zuschnitte erst einmal aufgezeichnet. Dazu rollt man das Drahtgestell so ab, daß mit dem Filzstift die Konturen eines großen Feldes nachgezeichnet werden können (Bild 95). Die Umrisse des kleinen Feldes zeichnet man separat auf.
Beim Ausschneiden dieser beiden Pappschablonen richtet man sich jedoch nicht nach den Umrißlinien, sondern nach zusätzlich gezogenen Konturen, die rundherum 1 cm größer sind (Bild 96), mit Ausnahme an der Stelle, wo die große und die kleine Schablone mit Klebefilm aneinandergesetzt werden. Diese Nahtzugabe von

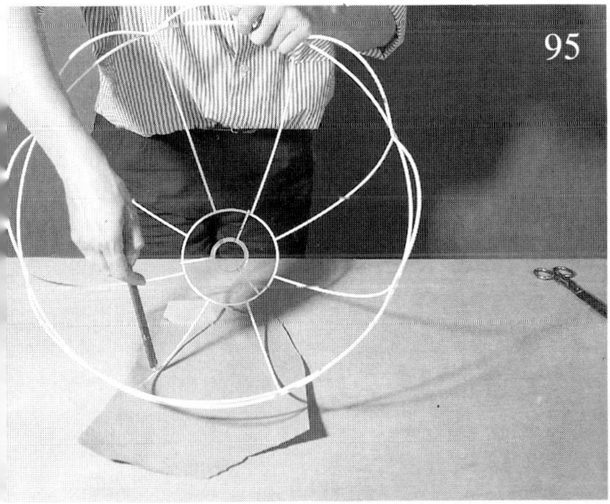
95

96

97

1 cm wird gebraucht, um die Stoffstücke auf der Nähmaschine einwandfrei verarbeiten zu können.

Die Umrisse der aus zwei Teilen zusammengeklebten Schablone werden nun achtmal mit Schneiderkreide auf den Stoff übertragen. Bei unifarbenem Stoff kann man durch geschicktes Legen (jeder zweite Streifen wird umgekehrt aufgelegt) den Stoff besser ausnutzen (Bild 98). Bei Mustern geht das meist nicht, denn sonst stehen nachher die Blümchen in jedem zweiten Feld auf dem Kopf.
Nach dem Zuschneiden kommt das Nähen. Zuerst muß man alle Stoffränder mit einem Zick-Zack-Stich rundherum versäubern, um das Ausfransen zu verhindern. Danach näht man dann, immer 1 cm neben dem Stoffrand, die einzelnen Segmente zusammen. Die Stoffbahnen werden jeweils mit den Außenseiten zusammengelegt, damit die Nähte später innen liegen. Genäht wird jeweils nur bis zum Ansatz der kleinen Zierbögen, denn die müssen ja einzeln um das Gestell genäht werden.
Nach dem Nähen (Bild 99 zeigt, wie der Bezug von links aussieht) muß die Stoffhülle gewendet und über das Drahtgestell gezogen werden. Zur Kontrolle von Zuschnitt und Näharbeit wird der Bezug erst einmal rundherum straff gespannt. Paßt alles, kann mit dem Vernähen begonnen werden. Am oberen Ring beginnt man mit dem Umlegen des Stoffes um den Draht. Enge Stiche mit einem farblich genau abgestimmten Faden sorgen für einen guten Halt dieser oberen Kante am Gestell (Bild 100). Beachten muß man dabei nur, daß die Längsnähte genau über den Drahtstreben

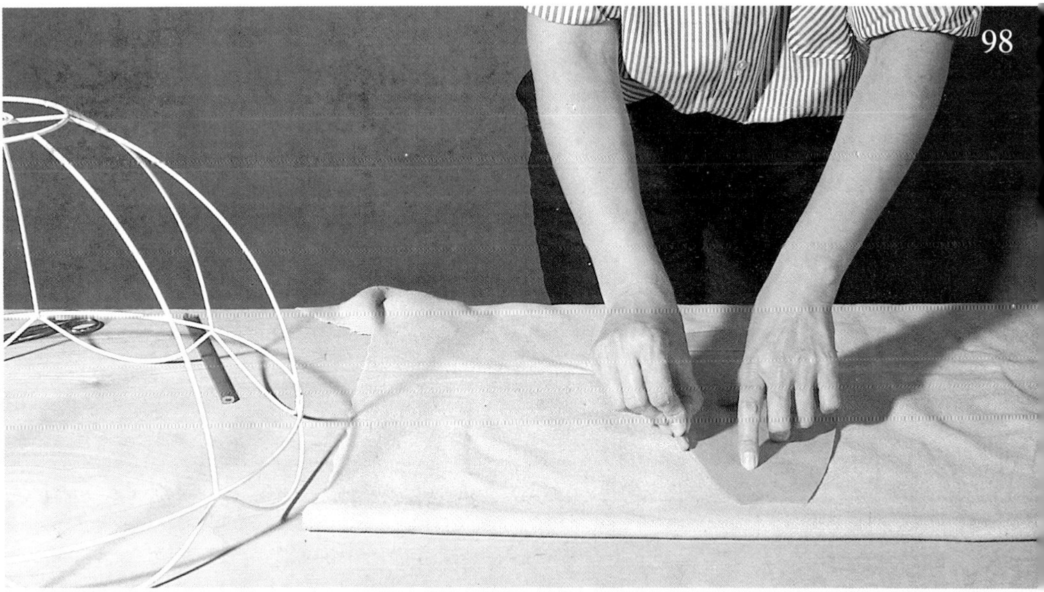

98

zwischen dem oberen und dem unteren Ring liegen.
Dort, wo die Streben am unteren Ring befestigt sind, wird der Stoff nun auch angeheftet, nachdem man jede Bahn möglichst straff gezogen hat. Danach faltet man von innen die Doppellage des Nahtüberstandes auf und wickelt die Drahtstreben regelrecht ein. An drei oder vier Stellen wird der Stoff dann von innen hinter den Streben vernäht. So kann nichts mehr verrutschen. Ohne diese Vorsichtsmaßnahme könnte die Naht

ren Rand folgend aufgenäht wird (Bild 101). Bei anderen Stoffdekoren, zum Beispiel bei einem Blümchenmuster, kann man auf diesen Abschluß sicherlich verzichten.
Noch eine Bemerkung zum Stoff: Grundsätzlich läßt sich jede Qualität verwenden, wenn der Stoff nur so dicht gewebt ist, daß man durch ihn hindurch nicht die Glühlampe erkennen kann. Ein Test, bei dem man ein Stück Stoff vor eine Leuchte hält, gibt darüber Aufschluß. Ist der Stoff sehr

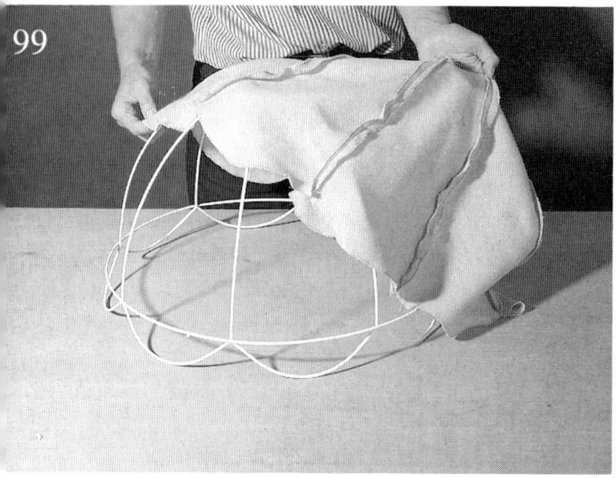
99

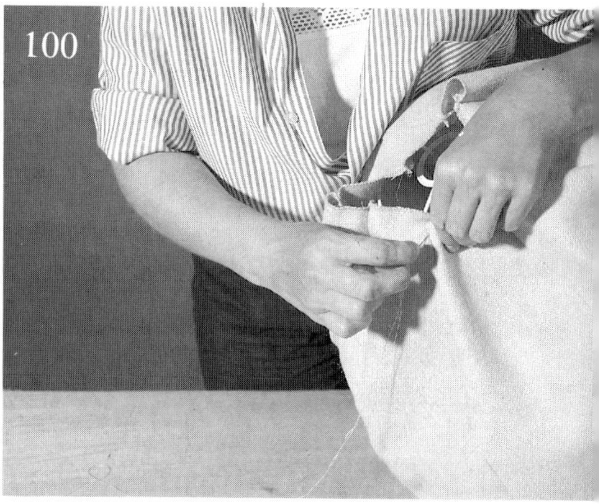
100

neben die Strebe rutschen – und bei Beleuchtung würden sich dann Schatten abzeichnen.
Auch an jedem der kleinen Zierbögen am unteren Rand wird der Stoff um den Draht gelegt und mit mehreren Stichen fixiert. Nicht nur um die Näharbeit zu verdecken, sondern auch aus gestalterischen Gründen bekommt dieser Schirm dann eine Abschlußborte, die farblich zum Stoff paßt. Bei unserer Lampe ist es eine gelbe Spitzenborte, die mit weiten Stichen dem unte-

transparent, kann man ihn mit einem untergelegten Futter- oder Vliesstoff verstärken. Dieses Material gibt es auch zum Aufbügeln, so daß man schon beim Zuschneiden mit einem verstärkten Stoff arbeitet und nicht die doppelte Menge von Zuschnitten verarbeiten muß.
Wer sich das Bespannen problemlos machen will, wählt einen möglichst elastischen Stoff aus und näht ihn wenige Millimeter knapper, als es die Abmessungen des Drahtgestells erfordern. So kann man ihn

regelrecht spannen, wenn er über den Drahtschirm gezogen wird, und er sitzt glatt und faltenfrei.

Für die Installation als Hängeleuchte braucht man eine Fassung mit zwei aufgeschraubten Klemmringen, die den Schirm halten. Weil die Leuchte nicht an den Anschlußklemmen der Fassung hängen darf, wird zusätzlich ein Klemmnippel benötigt, der in das Gewinde der Fassung eingedreht wird. Mit einer Schraube wird in diesem Klemmnippel der Isoliermantel des Kabels eingequetscht, so daß das Gewicht des Schirms am ganzen Kabel hängt und nicht an einzelnen Adern.
An der Deckenaufhängung ist eine ähnliche Konstruktion erforderlich. Hier wird das Kabel durch ein Zugentlastungsplättchen geflochten, um die Anschlußklemmen der Lüsterklemme zu entlasten. Kaschiert wird der Deckenanschluß mit einer Abdeckkappe aus Kunststoff oder Metall, einem Baldachin, der vorher über das Kabel geschoben wird. Mit Klemmfedern oder mit einer Klemmschraube wird er am Kabel fixiert, wenn man ihn nach dem Anbringen ganz bis an die Decke geschoben hat. Für Einzelheiten der elektrischen Installation beachten Sie bitte die Regeln und Vorsichtsmaßnahmen ab Seite 75.

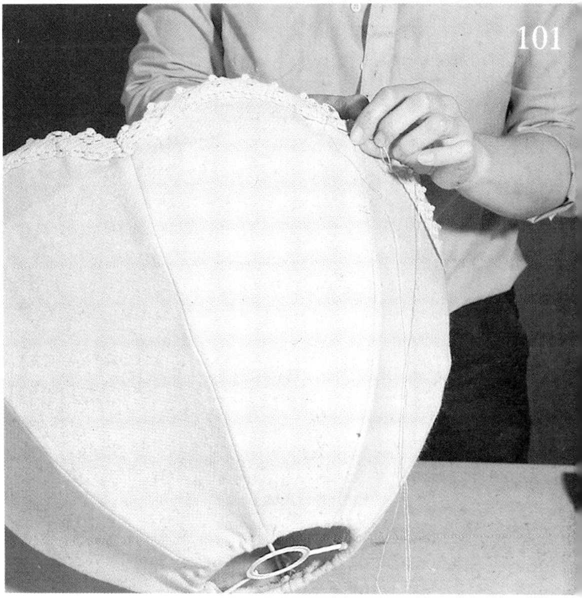
101

Hängeleuchte aus Trinkbechern

Für den Partykeller oder für das Kinderzimmer ist das eine originelle Idee: Lauter schlichte Trinkbecher aus Plastik werden zu einem riesigen Ballon zusammengefügt, der dann über eine kleine Hängeleuchte gestülpt wird und ein sehr angenehmes Licht verbreitet (Bild 102). Als ernsthafter Bauvorschlag kann dieses „Becher-Kugel-Monster" aber auch betrachtet werden; allerdings muß man dann die Becher sehr vorsichtig und sorgfältig verarbeiten. Über einem Kieferntisch am Eßplatz läßt sich so ein perfekt gemachter Schirm dann ebenfalls aufhängen.

Was man an Material dazu braucht, ist schnell aufgezählt. Zunächst einmal eine Unmenge der billigen Einwegtrinkbecher aus weiß eingefärbtem, aber nicht bedrucktem Kunststoff. 500 Stück davon sollte man schon kaufen; wenn welche übrig bleiben, kann man sie ja immer noch als Trinkgefäße bei Festen benutzen. Zum Zusammenfügen der Becher benötigt man dann noch eine Klammerzange, die genauso arbeitet wie der übliche Bürohefter, aber schmalere Klammern verarbeitet. Der Bürohefter ist nicht zu gebrauchen, weil erstens seine Klammern zu breit sind, und weil er sich zweitens nicht mehr richtig zusammendrücken läßt, wenn man ihn tief in die Becher hineinsteckt. Für die Beleuchtung kann man entweder eine der alten Kugelhängelampen verwenden, wie sie noch in vielen Wohnungen zu finden oder auch neu zu kaufen sind. Oder man besorgt sich im Bastelgeschäft ein Lampenschirmgestell in Kugelform, das dann mit einer Fassung

103

ausgerüstet wird. Dieses Schirmgestell sorgt dafür, daß kein Becher der Kugelleuchte an die heiße Birne kommen kann. Der Schirm würde sonst sofort schmelzen.

Für den Zusammenbau der Becher gibt es eigentlich nur einen Arbeitsgang: Zwei Becher werden so zusammengehalten, daß die Ränder oben miteinander abschließen. Die Heftzange muß man dann so tief wie möglich einstecken und zudrücken (Bild 103). Schon sind die beiden Becher miteinander verbunden.

Ein gutes Dutzend Becher wird man schon verbrauchen, um diese Arbeitstechnik zu erlernen. Denn die Zange kann, wenn man sie zu weit einsteckt, schnell die empfindlichen Becherränder zerdrücken. Und wenn man nicht genau die Berührungsflächen der beiden Becher zusammenheftet und die

104

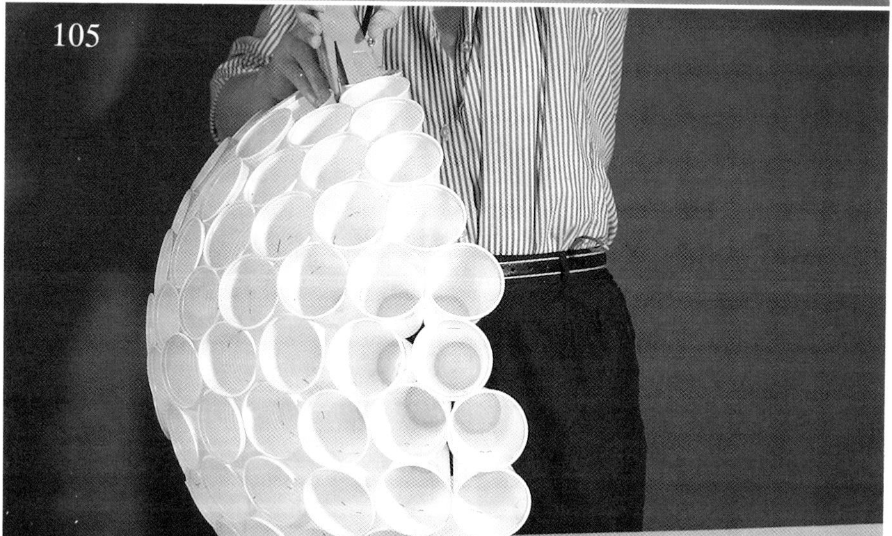
105

Zange nur ein wenig daneben hält, können die dünnen Kunststoffschichten zerspringen. Also: erst einmal üben.
Wichtig ist, daß die Becher beim endgültigen Zusammenbau sich immer mit den Böden berühren (Bild 104). Weil diese Kunststoffgefäße leicht konisch zulaufen (man kauft sie ja auch ineinandergesteckt als „Stange"), ergibt sich durch das Aneinanderklammern vieler Becher die Kugelform von selbst (Bild 105).
Wenn etwa die Hälfte der Kugel fertiggestellt ist, sollte man den runden Drahtkorb des Lampenschirmgestells einsetzen und regelrecht mit einbauen. Kabel, Fassung, Zugentlastung und Glühbirne sollten schon installiert sein, denn später kommt man nur mit Mühe wieder heran, selbst wenn man oben einige Becher wegläßt und die Kugel nicht ganz schließt. Dabei sollte man kontrollieren, ob die Fassung so angebracht ist, daß sie überall möglichst weit von der Becherwandung entfernt ist.
Mit den nächsten 200 Bechern (je nach Form der Becher braucht man mehr oder weniger für einen mehr oder weniger großen Schirm) wird dann der Schirm zur Kugel geschlossen.
Um Lücken in der Becheraußenhaut zu vermeiden, wird jeder Becher möglichst mit jedem seiner Nachbarn verbunden. Manchmal ist das wegen eines größeren Abstandes nicht möglich, aber dieser Zwischenraum ist durch die Form der Becher bedingt und nicht zu vermeiden.

Elektrische Installation

Für manchen wird der Hinweis, der am Anfang dieses Kapitels stehen muß, eine handfeste Überraschung sein:
Selbermachen ist bei Elektroinstallationen, die mit dem 220-Volt-Netz des Hauses verbunden werden, nicht gestattet.
Schon das Anklemmen einer Deckenleuchte oder das Herausnehmen einer Steckdose beim Einbau einer Holzvertäfelung gehört nach Meinung der Fachleute ausschließlich in die Hände eines „vom Stromversorgungsunternehmen zugelassenen Fachmannes". Wer's nicht glaubt, kann es nachlesen: Die allgemeinen Lieferbedingungen der E-Werke, die anerkannt werden müssen, damit man überhaupt mit Strom versorgt wird, enthalten fast immer diese Klausel.

Im krassen Gegensatz dazu steht, daß man alle Installationsartikel im Fachgeschäft ohne den Nachweis einer besonderen Befähigung kaufen kann. Und das Angebot im Selbstbedienungsregal der Bau- und Heimwerkermärkte macht bei Steckern und Kabeln noch lange nicht Schluß. Dimmer und sogar Sicherungsautomaten sind bei Selbermachern begehrte Artikel.
Selbstverständlich: Der unsachgemäße Umgang mit Elektroinstallationen kann nicht nur zu Schäden oder Bränden führen, es besteht auch Lebensgefahr. Wer also keine Erfahrung auf diesem Gebiet hat, tut auch beim Selbstbau von Leuchten sehr gut daran, nur Leuchtenfuß und Lampenschirm zu bauen, eventuell auch noch die Fassung selbst anzuschrauben. Für die

Verdrahtung von Stecker, Schalter und Fassung sollte man dann aber ein Fachgeschäft bemühen. Billiger als das kleinste Unglück durch Strom ist dieser Weg allemal.
Wer sich die elektrischen Anschlüsse, die für die Inbetriebnahme einer Leuchte nötig sind, selbst zutraut, sollte sich keineswegs auf seine eigenen Fähigkeiten allein verlassen.
Man sichert sich ab, indem man die Leuchte nach der Fertigstellung einem Fachmann vorführt und von ihm kontrollieren läßt. Erst dann darf man sie anschließen.
Diesen Fachmann finden Sie sicher in dem Elektrogeschäft, in dem Sie auch alle Zubehörteile für die selbstgebauten Leuchten kaufen. Erklären Sie ihm schon beim Einkauf Ihren Wunsch, und für akzeptable Kosten wird er Ihnen die Lampe hinterher „abnehmen", also auf korrekte Anschlüsse und auf die Einhaltung aller Sicherheitsregeln hin kontrollieren.
Die Fotos dieses Kapitels zeigen die gebräuchlichsten Einzelteile zum Bau verschiedener Leuchten. Nicht alles davon werden Sie im Selbstbedienungsregal finden, viele Teile gibt es eben nur im Fachgeschäft. Hier wird man Sie auch in Problemfällen beraten können, wenn es um die Materialauswahl oder um die benötigten Teile für eine Montage geht.

Fassungen

Vier gängige Modelle sind auf Bild 106 zu sehen, die beiden linken für die normalgroßen Glühlampen (E 27 als Sockelbezeichnung), die beiden rechten für die kleineren Kerzenlampen (E 14 als Sockelbezeichnung).
Auch eine Übersicht der üblichen Materialien gibt das Bild: Kleine und große Fassungen gibt es aus Kunststoff und aus Metall (glanzverzinkt-passiviert oder Messing). Alle hier gezeigten Fassungen sind mit einem Außengewinde versehen, auf das man die passenden Klemmringe für die Montage des Lampenschirms aufdrehen kann. Diese Klemmringe werden manchmal auch unter der Bezeichnung Schirmträgerringe gehandelt.
Bauliche Unterscheidungen gibt es trotz gleicher Funktion zwischen den Metall- und den Kunststoff-Fassungen. Im Unterteil jeder Metallfassung findet man eine besondere Kontaktschraube, die fest mit dem Gehäuse der Fassung verbunden ist. Hier wird bei der Verdrahtung der gelb-grün-geringelte Schutzleiter des Kabels angeschlossen. Damit erfüllt man die Vorschrift, daß alle leitfähigen Metallteile, die berührt werden können, schutzgeerdet sein müssen. Bei Kunststoff-Fassungen fehlt diese Klemmschraube, weil durch Bauart und Material die Fassungen selbst ausreichend isoliert sind. Leuchten mit Metallfassungen erfordern also immer ein dreiadriges Zuleitungskabel, während Leuchten mit Installationsteilen aus Kunststoff meist mit einer zweiadrigen Zuleitung auskommen. Vorsichtshalber sollte man, wenn das Kabel zum Beispiel durch ein langes Metallpendelrohr geführt wird, auch hier ein Kabel mit Schutzleiter einsetzen und diese dritte Leitung, die im Stecker mit den seitlich herausragenden Schutzkontakten verbunden wird, mit einem speziellen Leuchtenaufhänger mit Erdungsschraube verbinden.

Die üblichen Glühlampenfassungen bestehen aus drei Teilen, die man leicht auseinanderdrehen kann (Bild 107). Nach dem

107

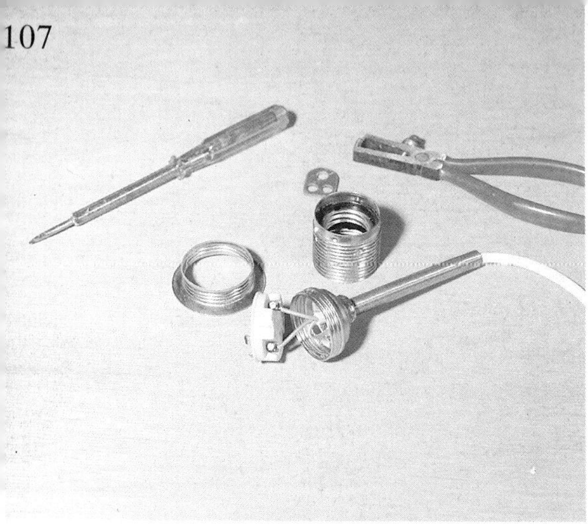

Abschrauben des zylindrischen Gewindeteils vom Unterteil der Fassung findet man den Porzellaneinsatz mit den Klemmschrauben und den Kontakten für den Sockel der Glühlampe. Dieser Porzellankörper (bei Kunststoff-Fassungen auch aus Kunststoff) liegt tief im Unterteil und wird durch Nocken am Mitdrehen gehindert. An die Anschlußklemmen der Kontakte werden die braune (manchmal schwarze) und blaue Ader des Zuleitungskabels angeklemmt. Die dritte Ader, der Schutzkontakt, ist mit der Erdungsklemme im Unterteil des Fassungsgehäuses verbunden. In diesem Unterteil findet man auch eine eingeformte Schraubenmutter (M 10), in die zum Beispiel die Gewinde von Pendelrohren oder von Schraubnippeln eingedreht werden können. Dazu muß jedoch erst eine kleine Schraube direkt am Gewinde dieser Mutter gelockert werden. Nach dem Eindrehen des Anschlußstückes zieht man diese Schraube wieder fest. Sie klemmt sich zwischen die Gewindegänge und sichert so die Schraubverbindung gegen ungewolltes Verdrehen, das das Kabel beschädigen könnte.

Beim Zuschneiden von Kabeln und beim Abisolieren der Ader-Enden muß man übrigens immer eins beachten: Der gelbgrün-geringelte Schutzleiter sollte *immer* ein Stückchen länger zugeschnitten werden als die beiden Versorgungsleiter in Braun (Schwarz) und Blau. Das dient der Sicherheit. Wird durch einen unglücklichen Zufall das Kabel aus den Klemmen gerissen, so daß die stromführende Ader Metallteile berührt, wird der Schutzleiter als letztes betroffen. Bis zum endgültigen Herausreißen aller Adern bleibt also seine Schutzwirkung erhalten.

Pendelrohr und Schraubnippel

Aber nicht nur die elektrische Verbindung ist bei der Fassungsmontage wichtig, sondern auch die mechanische. Und dazu gibt es viele kleine Spezialteile, von denen wir hier die gängigen abgebildet haben. Sie alle sind mit einem Normgewinde (üblicherweise M 10) versehen und lassen sich daher problemlos untereinander oder mit der Fassung verschrauben. Ganz links, direkt unter der Fassung, liegt das Pendelrohr zur Aufhängung und Kabeldurchleitung (Bild 108). Messingrohr, verchromtes Rohr oder Pendelrohre mit Kunststoff-Überzügen sind handelsüblich. Man kann sie in Längen zwischen 10 und 100 cm (in 10-cm-Abstufungen) kaufen. Beide Enden eines Pendelrohres sind mit einem Normgewinde versehen.

Rechts daneben dann drei Gewinderöhrchen aus Messing. Zwischen 1 und 5 cm bekommt man auch noch Zwischenmaße. Diese Röhrchen dienen als Verbindungsstücke. Für sie gibt es Messingmuttern mit Sechskant- oder mit Rändelrand (zum Aufschrauben von Hand). Darunter links ein

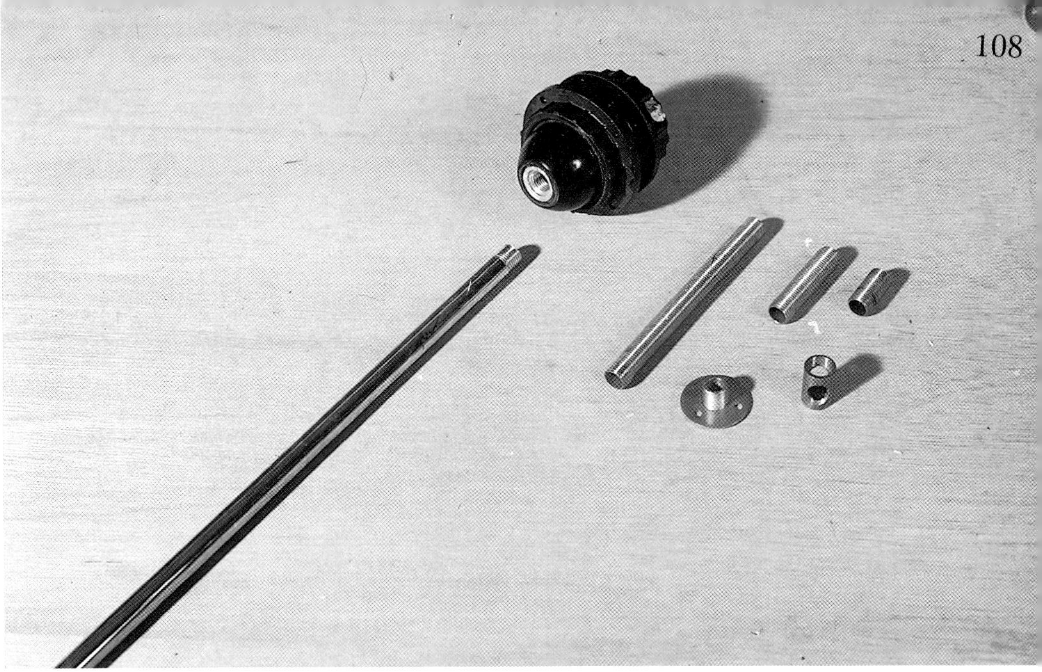

108

Scheibennippel, der mit einem dreifach vorgebohrten Flansch versehen ist. Durch diesen Flansch kann man den Nippel zum Beispiel auf eine Holzfläche aufschrauben und ihn dann mit dem Gewinde in der Fassung verbinden.
Die Hülsen mit Innengewinde und seitlichen Kabeldurchführungen werden benutzt, um das Zuleitungskabel an der gewünschten Stelle in das Pendelrohr oder in ein Gewinderöhrchen direkt unter der Fassung einzuführen. Als Verbindungsmuffen für Pendelrohre oder Gewinderöhrchen kann man diese Teile auch ohne Kabeldurchführung bekommen.

Leuchtenaufhänger

Für die Montage von Hängeleuchten gibt es zwei sinnvolle Ergänzungsteile. Der Leuchtenaufhänger wird entweder mit einem Gewinde oder mit einer Klemmschraube am oberen Ende eines Pendelrohres montiert (Bild 109, oben). An der Blechöse, die über den Deckenhaken gehängt wird, findet man eine Klemmschraube zum Anschluß des Schutzleiters. Darunter dann die einfache Abhängemöglichkeit, die bei vielen älteren Leuchten zu finden ist. Das Pendelrohr ist an den Enden durchbohrt, so daß ein Drahthaken eingehängt werden kann (Bild 109, unten).

Bügel für Lampenschirme

Kann ein Lampenschirm bei einer Stehleuchte nicht mit den Klemmringen montiert werden, muß dieser Blechbügel eingesetzt werden (Bild 110). Man schraubt ihn auf dem Gewinderöhrchen, das in die Fassung eingedreht ist, fest. Ein weiteres Gewinderöhrchen mit einer Rändelmutter sichert den Schirm oben (kleine Halteöse). Die hier montierte Fassung ist übrigens

109

110

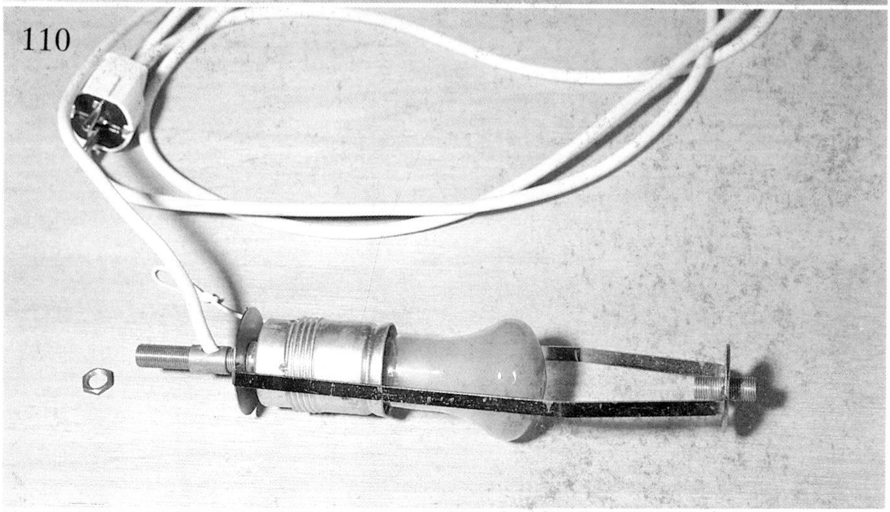

111

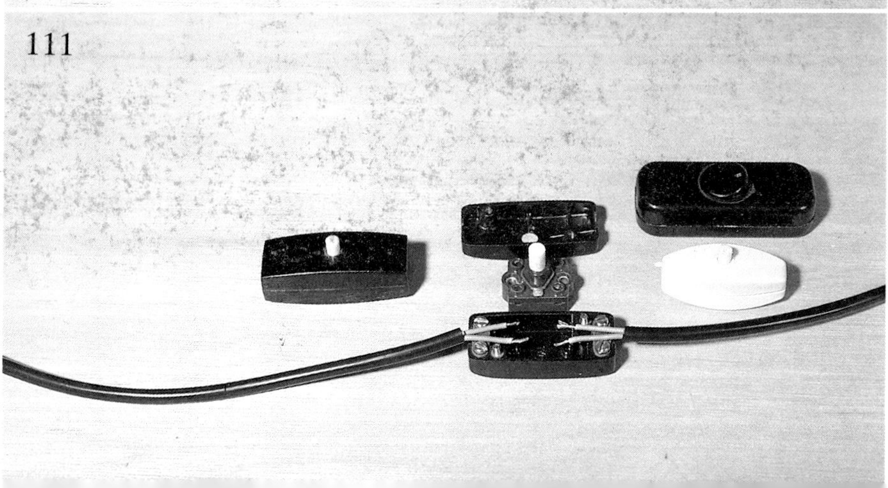

gleich mit einem Zugschalter ausgestattet, der über eine kleine Schnur betätigt wird. Wer diese Fassung für Steh- oder Tischleuchten verwendet, muß nicht zusätzlich noch Schnurzwischenschalter einbauen. Das Zuleitungskabel kann ohne Unterbrechung bis zum Stecker geführt werden.

Schnurschalter
werden direkt in das Zuleitungskabel eingesetzt. Das Bild 111 zeigt drei verschiedene Modelle mit gleicher Funktion, aber unterschiedlichem Gehäuse. An dem geöffneten Schalter läßt sich erkennen, daß es sich um einen zweipoligen Schalter handelt. Die braune (schwarze) und blaue Ader des Zuleitungskabels werden durchtrennt und durch den Schalter geführt. **Der gelb-grün-geringelte Schutzleiter darf nie durchtrennt oder gar über einen Schalter geführt werden!**

Fuß-Tretschalter
sind gerade für Stehleuchten sehr beliebt (Bild 112). Sie werden eingebaut wie die Schnurzwischenschalter. Rechts ein geöffneter Schukostecker mit korrekter Verdrahtung. Die braune und die blaue Ader sind mit den Steckerstiften verbunden, der gelb-grün-geringelte Schutzleiter mit den seitlich aus dem Stecker herausragenden Schutzkontakten.

Abdeckung und Abhängung
Für den Elektriker gibt es nur eins: Wenn der Bauherr keine Sonderwünsche angemeldet hat, gehört der Kabelauslaß für die Deckenleuchte in die Mitte des Raumes. Wenn aber nun über dem Couchtisch in der Ecke eine Deckenleuchte hängen soll und die Mitte des Raumes gar nicht gebraucht

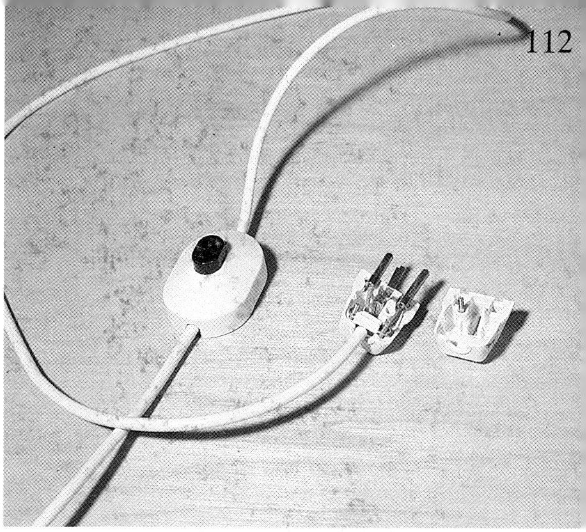
112

wird, verlegt man das Kabel einfach. Der Deckenputz muß nicht aufgeschlagen werden, wenn man eine Abdeckdose und einen Abhänger samt einem langen Kabel verwendet. Es entsteht dann die sichtbare Kabelführung unter der Decke, die manchmal spöttisch als Affenschaukel bezeichnet wird (Bild 113).
Die Abdeckkuppel, hier aus weißem Kunststoff, ist eine flache Dose mit Schraub- oder Klemmdeckel. Sie wird direkt über dem Kabelauslaß in der Zimmermitte angedübelt. Der Deckenhaken muß natürlich herausgedreht werden. Durch seitliche Löcher, die mit dem Schraubenzieher nach Bedarf durchbrochen werden können, führt das Kabel dann zu einem Abhänger, hier ein Modell aus schwarzem Kunststoff. Dieser Kabelabhänger wird direkt über dem Platz, an dem die Hängeleuchte montiert sein soll, ebenfalls mit Schraube und Dübel an der Decke befestigt. Der Schraubdeckel des Abhängers wird gelöst, das Kabel in einen Führungsschlitz gelegt und durch das Aufdrehen der Kappe wieder festgeklemmt.

113

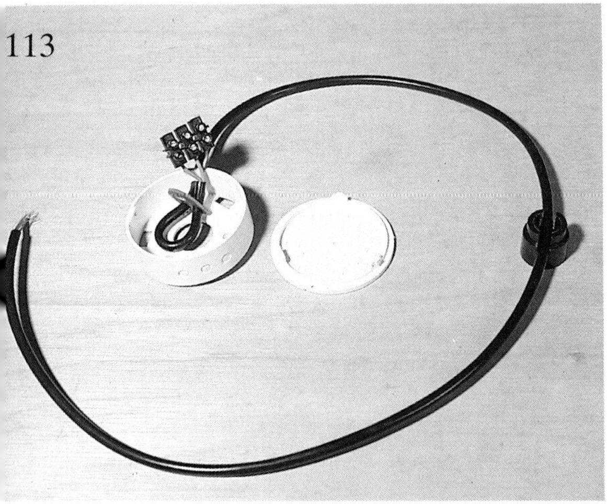

Um zu vermeiden, daß jemals Zug auf die Klemmschrauben der Lüsterklemme kommt und dadurch Adern herausgerissen werden, setzt man auf das Kabel innerhalb der Absteckdose eine Zugentlastung auf. Durch die Löcher dieses Entlastungsplättchens wird das Kabel hindurchgeflochten und strammgezogen. So liegt der Zug immer auf dem ganzen Kabel und nie auf einzelnen Adern. Entsprechende Zugentlastungen gibt es auch für die Montage an Leuchtenfassungen. Beim Bauvorschlag der Spanleuchte (Seite 63) wird die Montage genau beschrieben.

Kabel

Für den Anschluß von Leuchten nimmt man nur das flexible kunststoffisolierte Kabel, dessen Adern aus vielen kleinen Kupferdrähten bestehen. Die Fachbezeichnung, die manchmal auf SB-Verpackungen zu finden ist, sollte NYLHY oder NYMHY lauten. Die Zahlenkombination dahinter gibt die Zahl der Adern und ihren Querschnitt an. $3 \times 0{,}75$ bedeutet also, daß dieses Kabel drei Adern von jeweils $0{,}75\ mm^2$ Dicke enthält. Für die Versorgung einer Leuchte mit nur einer Glühlampe ist dieses Kabel das richtige. Größere Querschnitte sind nur erforderlich, wenn größere Ströme als die einer einfachen Glühlampe transportiert werden müssen.